教科書には載っていない
明治維新の大誤解

The misunderstanding
of Meiji Restoration
texted by Yuichi Natsuike

夏池優一 著

彩図社

はじめに

明治維新によって近代日本は産声を上げ、列強と肩を並べる先進国へと成長することができた――。そんなふうに考えている日本人は少なくない。150年前の出来事にもかかわらず、「維新」の名を冠した政党まであるくらいだ。明治維新という、いわゆる「無血革命」が私たちにもたらしたものは、おおむね好意的に解釈されているといっていいだろう。

だが、そうした肯定的な解釈が、必ずしも正しいとは言いきれない。明治時代を丁寧に切り取って、政府の「開明的」な政策の裏側へ目を向ければ、幕末のヒーローとなった西郷隆盛、大久保利通、木戸孝允らが美化され過ぎていることに、誰もが気づくはずだ。

近代化によって時代遅れの政治体制や社会システムが改められ、庶民の生活が改善されたと思われがちだが、政府が何より優先したのは、国の成長である。それは経済力を蓄え、軍事力を巨大化させることに他ならない。この方針に歯向かう者は、容赦なく打ちのめされた。

例えば、せっかく近代的な刑法を導入したにもかかわらず、政権の中枢にいた大久保利通は、政敵を打ち首にしてさらし者にしている。これは、江戸時代でも滅多に行われなかった残酷な処刑方法である。近代化といいつつも、かたちだけ西欧にならった「はりぼて」のような状態だったことがよくわかる。

中央集権化を成功させたと評価される「廃藩置県」も、実はいきなり過ぎて藩主のほとんどが意味すら分からず受け入れてしまったに過ぎない。むしろ、藩主とのつながりを断たれた藩士たちの不満を募らせる一因になってしまう。

それに、尊皇攘夷を掲げて幕府を倒したにもかかわらず、明治政府の実務を担った官僚たちは、「賊軍」であるはずの旧幕臣が多かった。近代化といいつつも、同じようなことは幕末から幕府も行っていた。何より、政治経験の乏しい明治政府にとって、官僚組織である幕府の人材は、喉から手が出るほど貴重だった。彼らに頼らなければ、とても政権運営などできない状態だったのである。

むしろ、江戸時代より負担が重くなるケースもあった。「地租改正」によって近代的な税制が導入され、庶民は重税から解放されると思いきや、税負担は一向に軽くならず、生活はかえって苦しくなった。「四民平等」が謳われたのも、人権意識からではなく、士族以外からも広く徴兵するためだ。

教育面に関しても、6歳以上のすべての男女が初等教育を受けられるようにはなったが、教育費は国民の負担であり、今の義務教育とは程遠い。

こうした政策に反対する一揆や反乱が各地で起こったが、それも当然である。「明治維新」は、庶民にとっては迷惑で先行きが見えない、行き当たりばったりの改革に過ぎなかった。もし、当時の人々が、これほど明治維新が評価されていると知れば、言葉を失うに違いない。

2018（平成30）年は、明治改元から150年を迎えて「明治150年」にあたる年となる。賛美ばかりされる明治維新を今、良い面だけでなく、悪い面も見つめなおすことは、これからの日本の在り方を考える意味で、決して無意味なことではないはずだ。

教科書的なイメージとは、異なる視点で自国の歴史を知っておきたい。そんな方に本書を贈る。

教科書には載っていない
明治維新の大誤解
目次

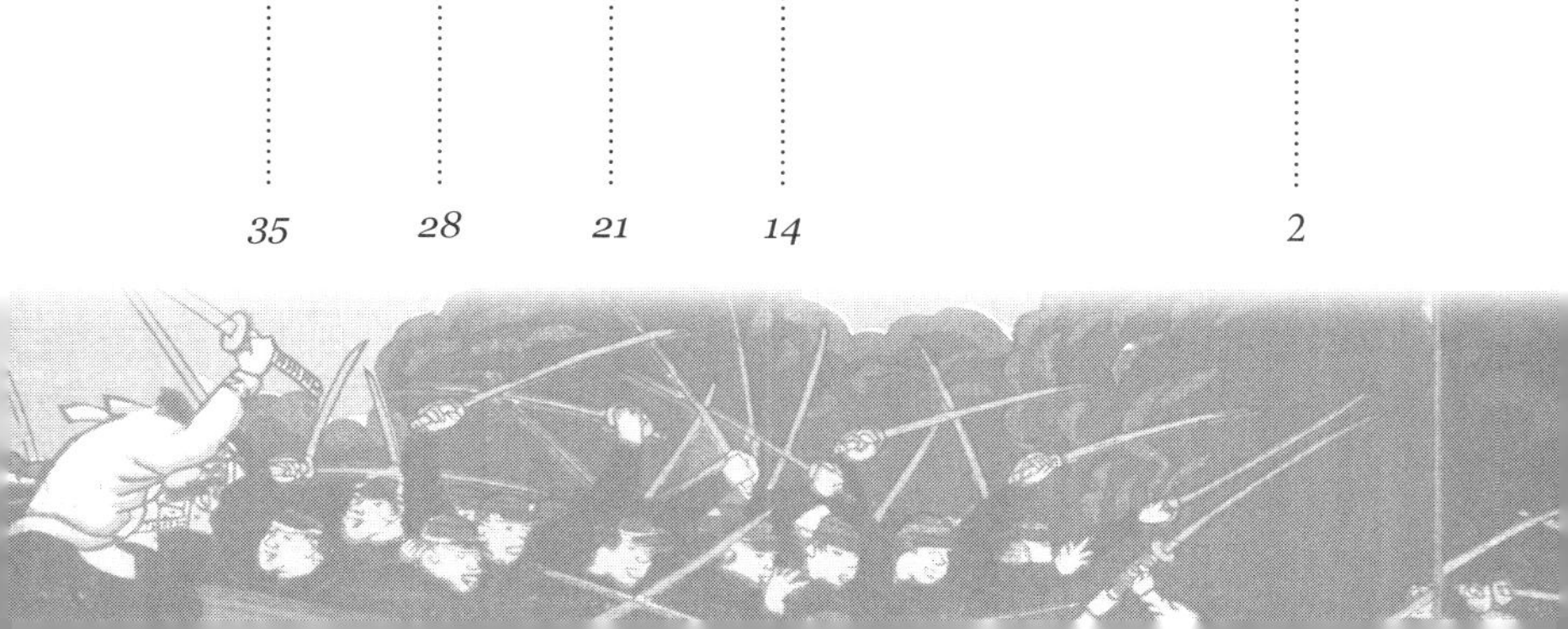

第三章　かたちばかりの欧化政策

第四章　悲惨すぎる庶民の生活

第五章　明治政府の裏の顔

第一章

大義なき倒幕 新政府の横暴

1 攘夷はどこへ？大義なき倒幕運動

「攘夷」は口実に過ぎなかった

史上類がない無血革命――。

そう高く評価されている明治維新だが、それは大きな誤解であり、内実は、理想らしき理想すらもない、薩摩藩と長州藩によるクーデターにほかならなかった。

そのことは倒幕のスローガン「尊王攘夷《そんのうじょうい》」を考えればすぐにわかる。

尊王攘夷とは、「天皇を敬い（＝尊王）、外敵を撃退する（＝攘夷）」こと。※弱体化した江戸幕府では、このスローガンを守れずに列強の言いなりになってしまう。そんな危機感が尊王攘夷活動を盛り上げ、日本全国に吹き荒れることになる。つまり、開国路線をとる江戸幕府の弱腰外交への批判から、すべては始まったはずだった。

ところが、明治新政府の発足後、期待された攘夷が実行に移されることはなかった。む

※天皇を敬い、外敵を撃退する
どちらも中国で生まれた思想で、もとは別々の言葉だったが、幕末になって西欧諸国の圧力が強まる頃から結びつく。1840年頃には水戸藩の儒学者・藤田東湖が編纂した書物の中に、「尊王攘夷」という言葉が見られる。

しろ、積極的に欧米の制度や文化を取り入れることになるのである。

倒幕したものの、いざ権力の座に就いてみると、現実は甘くなかったということだろうか。いや、そうではない。薩摩、長州藩は初めから、攘夷など行う気は全くなかったのだ。

幕末期の薩摩藩士、※有馬藤太の聞き書きを編纂した『私の明治維新』（上野一郎編）によると、幕末期に次のようなやりとりがあったという。

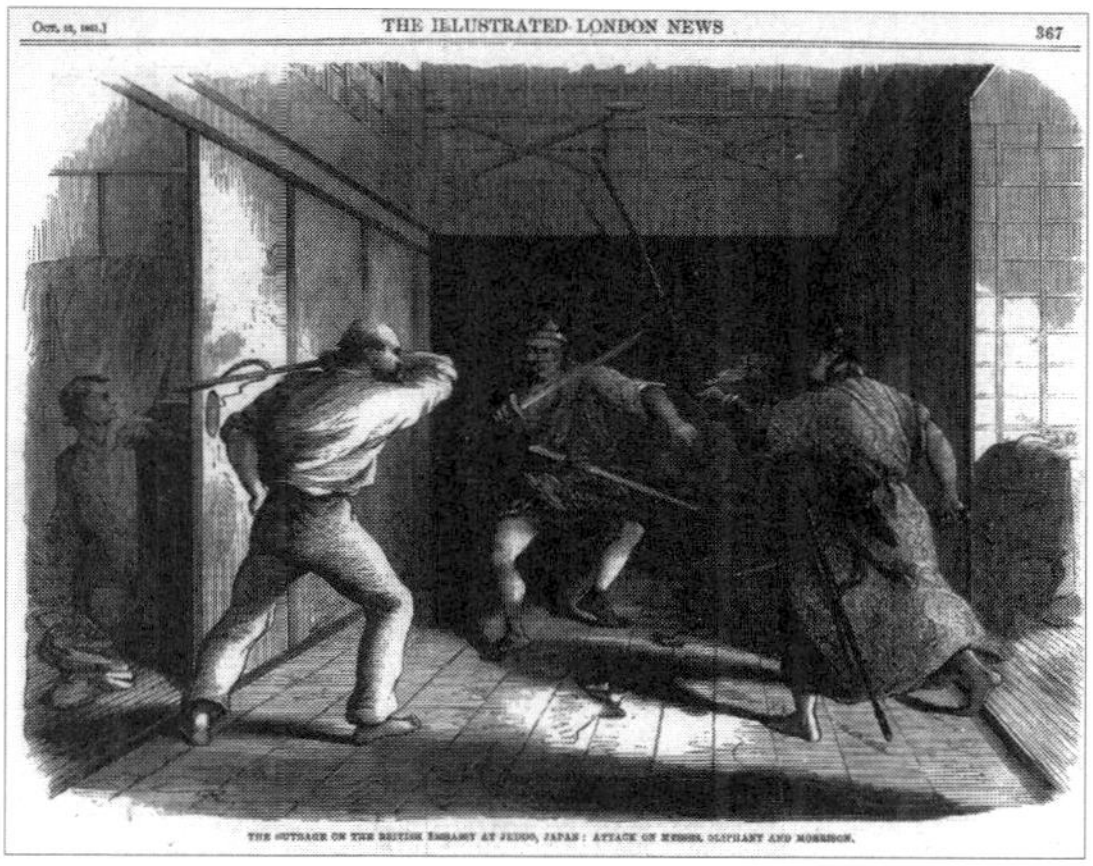

攘夷を決行すべく高輪東禅寺の英国公使館を襲撃する浪士。上記はイギリスの週刊新聞『The Illustrated London News』に掲載された画像。

王政復古ののち、戊辰戦争が始まって新政府軍と旧幕府軍が衝突したときのことである。同じく薩摩藩士の中村半次郎（のちの※桐野利秋）は、岩倉具視から問われて、こんなやりとりをした。

「幕軍は3、4万もいるが大丈夫か」

「彼らは烏合《うごう》の兵ばかりでありますから、薩州軍だけで十分であります。ご心配はいりませぬ」

安心した岩倉は、勝利後の処置についてこんな疑問をぶつけた。

※**有馬藤太** ありまとうた（1837～1924）戊辰戦争に従軍し、新撰組の近藤勇を連行する功績を立てる。維新後は明治政府に出仕したが、西郷が征韓論争に敗れて政府を去るとともに下野。西南戦争の際には大阪で挙兵しようとしたが失敗した。

※**桐野利秋** きりのとしあき（1838～1877）薩摩藩士、陸亘亘へ。西郷隆盛に従って各地を転戦、軍功を積む。維新後は陸軍少将などに就き、陸軍軍人としての道を歩み始めるが、西郷の下野に従って鹿児島へ。「西南戦争」では西郷軍の総指揮者として戦うが、銃弾に倒れた。72ページも参照。

「この戦いが終わると、攘夷をせねばならぬが、その手配はできるか」

政権を奪えば、今度は幕府ではなく、自分たちが外国と対峙しなければならなくなる。当然の不安だが、中村は平然とこう言った。

「攘夷などということは、御前の口からお出しになさるものではござりませぬ。これは倒幕のための口実。その実、決して攘夷をするのではなく、かえって世界各国と交通して西洋の長を知り、わが国の短を補い、ますますわが長を発揮して、帝国の威光を宣揚せねばなりませぬ」

これを聞いた有馬は驚いた。西洋を嫌っていた※有馬は、攘夷を信じてここまで倒幕に力を貸してきたからだ。真意を確かめるために、有馬が西郷のもとを訪ねると、西郷の口から、信じがたい真実が明かされた。

「お前にはまだ言わなかったかね。もう言っておいたつもりじゃったが。ありゃ手段というもんじゃ。尊王攘夷というのはね。ただ幕府を倒す口実よ。攘夷攘夷といって他の者の志気を鼓舞するばかりじゃ」

このやりとりが、どこまで実際に行われたものなのかは定かではない。だが、その後の明治新政府がとった、攘夷とは正反対の欧化政策を考えると、「攘夷は口実」という西郷の言葉にリアリティを感じざるを得ないのである。

※西洋を嫌っていた
西洋嫌いが影響しているかは分からないが、維新後に大阪での挙兵が失敗して逮捕されたのち、有馬は満州にわたってアジア主義を掲げる玄洋社の運動に加わっている。

井伊直弼の独断という嘘

そもそも江戸幕府は、批判されるほどの「弱腰外交」を行ったのだろうか。

1853（嘉永6）年、ペリーが黒船4隻を引き連れて、浦賀港に現れた。

「泰平の眠りを覚ます上喜撰※たつた四杯で夜も眠れず」

このあまりに有名な狂歌から、黒船に誰もが慌てふためいたと誤解されがちだが、実際は違う。幕府の一部の人間だけは、オランダ商館長のドンケル・クルチウスなどから情報を収集し、1年も前からペリーの来航を予見していたのである。それどころか、ペリーの年齢や連れてくる人数まで調べ上げていた。

準備していた幕府側は、昌平坂《しょうへいざか》学問所の塾頭、林大学頭※を全権とした。ペリーと交渉を重ねた結果、日米和親条約が結ばれた。

浦賀に訪れたペリー

この日米和親条約によって開国がなされたと誤解されることも少なくない。しかし実際のところは、新たな薪水《しんすい》給与の港として、下田・箱根を開港することを認めただけで、交易は禁じたままだった。それどころか、薪水給与の物品ですら、自由なやりとりを許さなかったのである。

林大学頭がいかに巧みに渡り合ったかは前著

※**上喜撰** じょうきせん
宇治の高級茶。本来の名前は「喜撰」で、中でも高級なものをこう呼んだ。喜撰の由来は古今和歌集に登場する六歌仙のひとり、喜撰法師から。現在、このブランドは復刻されており、取り寄せることができる。

※**林大学頭**
（1800～1859）号は復斎（ふくさい）。「大学頭（だいがくのかみ）」は昌平坂学問所の長官が代々世襲してきた。幕府の命により、江戸時代の膨大な対外関係の記録を整理していたこともあり、学識が広いだけでなく、海外情勢をよく理解していた。ペリーとの交渉から2年後に死去している。

井伊直弼

『近代日本の大誤解』で書いたが、攘夷の前提である「外国に屈している頼りない幕府」というイメージは、実情とは異なっていた。

もちろん、それでは満足できないアメリカは、駐日総領事ハリス※を代表に、さらに交渉を重ねた。その結果、日米和親条約に続いて、1858（安政5）年に日米修好通商条約が結ばれることになるが、この条約についても、やはり誤解されて後世に伝わっている。

日米修好通商条約は、貿易の自由を認めた最初の条約だが、天皇の勅許を得られないまま幕府の独断で調印された。そのため、外国嫌いの孝明天皇※と江戸幕府の対立は決定的なものとなり、攘夷派を勢いづけることになった。

このとき、朝廷を無視した戦犯とされているのが、大老の井伊直弼《いいなおすけ》である。

勅許のないまま結ばれた条約に反対する大名や武士は多かったが、井伊はそうした勢力を次々と粛清していった。悪名高き「安政《あんせい》の大獄《たいごく》」である。これによって井伊直弼の歴史的な評価は固まった。

だが、ここにも大きな誤解がある。「朝廷を無視して強引に条約を結んだ」と言われる

※ハリス（1804～1878）ニューヨークの商人から外交官になる。中国・東南アジアで貿易に従事したのち、1854年寧波領事。翌年、下田駐在の初代米国総領事に任命され、通商条約締結の全権を委任され、将軍家定にも謁見。日本滞在中はたびたび病気に見舞われ苦労したようだが、1858年、他国に先駆けて条約の調印に成功した。

※孝明天皇 こうめいてんのう（1831～1866）在位1846～1866年。仁孝天皇の第4皇子。1863年、将軍徳川家茂らを従えて賀茂社・石清水八幡宮に行幸し、攘夷断行を祈念。幕府と朝廷が融和して国内をまとめようと「公武合体政策」を推進していたが、1866年、疱瘡で死去した。攘夷派によ

井伊直弼は、むしろ条約の締結に慎重だったのである。

実際、条約交渉を担当していた井上清直※に対して、井伊はこんな言葉で注意している。

「朝廷からの勅許を得るまでは、調印を延期するよう努力せよ」

意外にも、朝廷の意向を無視することまでは考えていなかったのである。しかも、井上がやむを得ない際は調印してもよいかと質問すると、「その際はいたしかたもないが、なるたけ尽力せよ」とハリスのいいなりにならないように釘を刺している。独裁者だと思われがちな井伊だが、条約交渉中は積極的な周囲を諌め、冷静に判断を下していたのである。

プラスの面もあった「不平等条約」

日米修好通商条約の交渉を任されたのは、井上だけではない。幕末第一の外交家とも評される岩瀬忠震《いせわただなり》は、ハリスとの交渉にあたって、井伊から全権を委任された一人である。

岩瀬らもまた、ペリーと渡り合った林と同様に、ハリスと巧みに交渉をして、開国へと追い詰められるなかでも、何とか自国が有利になるようにと心を砕いた。幕末から明治初期に活躍したジャーナリスト、福地源一郎《ふくちげんいちろう》（139～197ページ参照）の『幕末政治家』によると、岩瀬がハリスを論破し、条項を改めさせることもあったという。

後に不平等条約と批判されることになる日米修好通商条約だが、実際のところ、日本に有利な点もあった。

る毒殺が疑われたが、現在では疱瘡説の方が支持を集めている。

※井上清直 いのうえきよなお（1809～1868）川路聖謨の実弟。御家人出身だが、後に旗本に取り立てられる。岩瀬忠震とともに全権として日米修好通商条約を調印。交渉相手のハリスからは「陰うつ」「無愛想」と評されていた。安政の大獄で左遷されるが、井伊直弼暗殺後に復権。軍艦奉行や南町奉行、関東郡代などを歴任した。

まず、開港したとはいえ、貿易港は横浜、長崎、神戸、函館、新潟に制限することに成功している。

そして、商業活動のできる地域を「居留地」に限ったため、アメリカ人商人は市場調査すらろくにできなかった。日本の製品を買おうにも、居留地から出られないために生産地まで足を運ぶことができず、商売にやってきた日本人商人の説明を信じるしかなかった。

一方で、日本人商人は居住地を自由に出入りできたので、自分の好きなだけ輸入品を仕入れることができた。

にもかかわらず、不平等条約と言われるのは、治外法権を承認して、関税自主権を失ったからにほかならない。だが、当時の鎖国状態の日本から考えると、その後に生じる大きな不利益を想定することは難しかっただろう。※

もちろん、失点がないわけではないが、「幕府の弱腰外交」と断罪するのは、攘夷派をまとめるための、薩長が作り上げたイメージに過ぎなかった。

また、岩瀬をはじめとした幕府側が通商を結んだのは、貿易の利益で軍備を整えるためであった。「日本ノ旗号　五州ニ遍《あまね》シ（日の丸を世界中に立てたい）」というのは、ほかならぬ岩瀬自身の言葉である。

つまり、「開国路線」もまた、大きな意味では、攘夷のための方法論の一つ。最終的な目的は新政府側と何ら変わらず、倒幕の大義は皆無だったのである。

※大きな不利益を想定することは難しかった
日本近現代史研究者で、明治維新史学会理事を務める町田明広は『攘夷の幕末史』で「岩瀬の名誉のために弁護すると、当時、日本人が外国に渡航することはまったく念頭になかった」と擁護している。

2 死者の埋葬も許さない戊辰戦争の悲劇

内部告発された非道の数々

薩摩・長州を中心とする新政府軍と、旧幕府軍との間に起こった戊辰戦争※。

革命軍はいつでも民衆の味方で、旧来の政権で虐げられた人々を救うのが常だ。そのため、明治新政府軍に対しても英雄的なイメージを抱かれがちだが、実情は全く異なる。1868（慶応4）年に会津藩と争った会津戦争で、明治新政府軍は数々の非道を行ったのである。

その残酷さは、同じ新政府軍として戦う者から見ても許しがたいものだったらしい。

例えば、新政府軍の奥羽鎮撫総督《おううちんぶそうとく》である九条道孝※に宛てて、側御目付役の戸田主水《とだもんど》（九条家の家臣）は、次のような手紙を出している。

※**戊辰戦争**　ぼしんせんそう　「戊辰」は十干十二支による年代の数え方。組み合わせは60種類。60年で1周期となる。そのため、1868年は戊辰の年にあたるため、戊辰戦争と呼ばれている。

※**九条道孝**　くじょうみちたか（1839～1906）幕末は佐幕派の公家とみなされ、維新直後は参朝を停止させられたが、許された。戊辰戦争が始まると、佐幕派征討を担う鎮撫総督に就き、東北各地を転戦。なお、大正天皇の后・貞明皇后の父でもある。

薩長の兵士本営門外に乱暴実に驚くべき者あり、あるいは路傍に臣士を侮辱し、あるいは市井に商売を威嚇し、あるいは山野に婦女を強姦し、あるいは仙台誹謗の歌謡聞くに忍びざることを白昼大道に高吟する。

（会津戊辰戦史編纂会 編『会津戊辰戦史』１９３３年より）

道行く人を侮辱して我が物顔で街を歩き、商売を威嚇したばかりか、山では婦女を強姦する。そんな目を覆いたくなる光景を前にして、戸田主水は文書で総督に内部告発しているのである。

新政府軍の蛮行を目にしたのは、戸田だけではない。会津藩士の荒川類右衛門[※]も、若い女性が裸にされて切り殺される現場を会津高田町で目撃。「その振る舞いは強賊というのほかなし」と怒りの記述を残している。

そのほかにも、とらわれた女性が辱めを受けていたり、女性が数珠つなぎにされていたりなど、さまざまな目撃談が寄せられている。

しかも、そんな略奪行為を繰り返したあげく、新政府軍は戦死者の埋葬を一切許さなかった。そのため遺体は犬に食い散らかされ、あたりには腐臭が漂ったという。

さらに、生き残った会津藩士とその家族は、財産をすべて没収されたうえで、陸奥の下北半島に流罪。１万数千人が過酷な生活を強いられた。

※荒川類右衛門
名は勝茂。会津藩家老を務めた北原采女（うねめ）の筆頭家臣。戊辰戦争敗北後は幽閉されるが、のちに戸南藩（会津松平家の転封先）にわたって藩再興に尽す。荒川が執筆した『明治日誌』は会津における政府軍の蛮行を後世に伝える資料として有名。

鳥羽・伏見の戦いを描いた錦絵。錦絵の発行には幕府の許可が必要だったが、この絵は無許可で出された（「慶長四年大功記大山崎之図」国会図書館所蔵）

「新しい時代を担った」というスマートなイメージからはほど遠い行いである。これが「官軍」の行動だというのだから、聞いて呆れるほかはない。薩摩藩士や長州藩士を中心とした、横暴な田舎侍の集まり。それが、明治新政府軍の内実だった。

江戸の夜から人が消えた

これほど悲惨な会津戦争も、実に1年半にも及んだ戊辰戦争の一部に過ぎない。戊辰戦争は、1868（慶応4）年の鳥羽・伏見の戦いが緒戦となり、上野戦争※、越後戦争※、会津戦争と続き、1869（明治2）年の箱舘戦争※で終結。勝利した明治政府は、国内を統一することとなった。

もとより戦争とは悲惨なもので、時代が必要とした戦いだった——そんなふうに思う向きもあるかもしれない。だが、それは全くの誤解であり、実際のところ、この内戦が行われる必要は全くな

※上野戦争
慶応4年5月15日（1868年7月4日）、上野の寛永寺に立てこもる旧幕府軍の彰義隊と官軍の軍事衝突。西洋式兵器を駆使した官軍が彰義隊を1日で壊滅させた。なお、寛永寺の伽藍はほとんどが焼失し、一面は焼け野原に。官軍はこの一帯を接収し、のちに欧米にならって公園を整備していった。

※越後戦争
北越戦争とも呼ばれる。東北諸藩が同盟を組んで新政府軍と対峙した。政府軍が勝利したが、ガトリング砲を備えた長岡藩などの攻撃により、多数の死者が出た。

※箱館戦争
榎本武揚率いる旧幕府海軍による抵抗戦。榎本らは北海道箱館の五稜郭に篭城したが、説得に応じて投降したことで、戦闘は終結した。

かった。

なぜならば、鳥羽・伏見の戦いが始まる前年の1867（慶応3）年、徳川慶喜が大政奉還を行っているからだ。慶喜が自ら、長年続いてきた武家政治にピリオドを打ち、朝廷に将軍職を返上しているのである。

にもかかわらず、なぜ、戊辰戦争は行われたのだろうか。

それは将軍職を返上しても、なお、慶喜が権力を保持していたからにほかならない。大政奉還は、慶喜が追い詰められて行ったと誤解されがちだが、そうではない。

朝廷としても、突然、政権を渡されたところで運営できるはずもない。実質、権力を持ち続けるのは徳川である。大政奉還後も、徳川家は広大な領地を持ち続け、それどころか、天皇が持つわずかな料地も、これまでのように徳川が管理することになった。大政奉還は、外見上のみ朝廷に政権を譲って実権を掌握し続けるという、慶喜が放った起死回生の策だったのである。

薩摩・長州[※]は頭を抱えたに違いない。もともと大義名分はない、ただ政権を奪取するための倒幕運動である。慶喜が政権を朝廷に渡すとなると、徳川家を攻撃する理由がなくなってしまう。

そこで、何とか徳川家を攻撃する大義名分がほしい薩摩藩は、幕府を挑発するために、非道の限りを尽くす。目を覆うような放火、略奪、強姦が江戸の市内で繰り広げられた。

※**薩摩・長州は頭を抱えた**　実際、大政奉還後に開かれた小御所会議では、政権を返上した慶喜を評価する大名が多く、土佐藩前藩主の山内豊信は慶喜の政治参加を主張していた。大久保や西郷は、慶喜が考えを改め謝罪すればと条件を出し、徳川家が持つ土地と官職の返上（辞官納地）を望んだ。

恐怖から、夜になると街から人の姿が消えたほどだった。

この非人道的な謀略の指揮をとったのが、ほかでもない西郷隆盛である。温和な「西郷どん」の裏の顔は後述するが、あまりの暴挙に堪忍袋の緒が切れた幕府側の庄内藩や上山《かみのやま》藩が、薩摩藩邸を攻撃。西郷はその知らせを聞いて、「これで倒幕の名目がたちもうした」と、手を叩いて喜んだという。

こうして西郷のもくろみ通りに鳥羽・伏見の戦いが始まり、悲惨な戊辰戦争の幕が切って落とされることになった。

薩摩藩邸焼き討ちを報じるフランスの週刊新聞「L'Illustration」の記事

略奪行為に総スカンを食らう

薩摩・長州は内乱を仕向けるためにどれほどのことを行ったのか。会津藩士の柴五郎※は、緊迫していた当時の様子をこう振り返っている。

父や兄は口にはしないが、幼い私の耳にも戦況は伝わってきており、悲しみや憤りにもだえ苦しんで

ここで一度は辞官納地が決定したものの、10日ほど後に開かれた会議では藩士クラスが締め出され、大名たちによって、土地の「返上」ではなく「提供」という、謝罪を伴わない形式を採ることが決められた。しかも、提供額は話し合いで決めることまで決定。さらにはこの会議で、慶喜が有力大名と同じ「議定」の地位に就いて政治に参加することも決まりそうになる。大久保らの焦りは、募るばかりだっただろう。

※柴五郎　しばごろう（1860～1945）
会津戦争後は青森へ移住。その後は陸軍へ入り、義和団事件への対処などで功を上げる。欧米にも顔が広く、英国首相ソールズベリーとも親交があった。日英同盟実現の立役者でもある。会津出身ながら大将にまでのぼりつめた。

いる。薩長の浪士は江戸を始めに各地で放火や殺人を行い、世に不安を煽っている。徳川の威信を傷つけて、倒幕の気勢を高めようとするもくろみだろうと伝えられている」

（『ある明治人の記録―会津人柴五郎の遺書』より。現代語訳は筆者）

薩摩・長州が進攻したあとには戦士だけではなく、百姓や女子供の死体まで放置されて腐敗臭がひどかった、とすら伝えられていた。柴五郎のように幼い者までもが「薩摩の芋侍め！　来たれ！」と怒りを込めて、あちこちの木を木刀で打って回ったというが、その気持ちも理解できる。

実行部隊は、西郷の密命を受けた関東の浪士・相楽総三《さがらそうぞう》や、薩摩藩士の伊牟田尚平※、益満休之助※らで、「薩摩御用盗《さつまごようとう》」と呼ばれた。

彼らは江戸の商家に強盗へ入るなどして犯罪行為を繰り返した。挑発して幕府側に自分たちを攻撃させるのがその目的だったが、治安は一度、悪化すると元に戻すのは容易ではない。もくろみ通りに薩摩藩邸が焼き討ちされたあとも、浪人たちによる略奪が止むことはなかった。

東京日日新聞社会部がまとめた談話集『戊辰物語』には、次のような事件が記述されている。

※伊牟田尚平
いむたしょうへい
（1832〜1868）
1857年に脱藩し、攘夷活動に参加。1860年には、駐日米総領事ハリスの通訳官を暗殺している。この罪で薩摩藩によって流罪にされるが、のちに許されて西郷に従う。江戸で暴れたのちは上洛するが、部下による辻斬り等の責任を問われ、切腹した。

※益満休之助
ますみつきゅうのすけ
（1841〜1868）
西郷の命により江戸市中で暴れていたが、捕まって勝海舟の預かりとなる。翌年、江戸城攻撃前に幕府側から西郷へと使者を派遣することが決まると、道案内役として駿府まで向かった。その後、新政府軍として参加した上野戦争で撃たれ、死亡した。

椎名町の八郎兵という豪家へ六人組の武士がやって来た。白鉢巻をして白だすきで真昼間抜刀でずかずか入って来た。金をとって飯を食ってから奥の間へ入って昼寝をはじめた。これを見て家の者が近所をふれ廻り、半鐘をついたので、六十人ばかりの百姓が竹槍をもって家の周囲を取り囲んだが、武士たちはあくびをしながら出て来てにたにた笑っていたが、あッ！　と思う間に真先にいた一人の頭を出しぬけに抜打ちにわってしまった。みんな胆をつぶして逃げ出したが、しばらくするとまた引き返してわアわアやった。

当然、庶民の反発は強まるばかり。逆に人気が高まったのが、旧幕臣から編成された反政府集団「彰義隊《しょうぎたい》」である。吉原※の遊女たちから「彰義隊を情夫に持たねば恥」と言われるほど、彼らはモテた。新政府軍とは対照的である。

政権転覆の大義名分もなければ、庶民からの人気もない――。

戊辰戦争で幕府が敗れたことで、そんな連中が新たな時代を切り拓くことになったのだ。明治時代が混乱に満ちたものになることは、このときから必然だったといえるだろう。

※吉原 よしわら
江戸幕府公認の遊郭。町人や豪農、士族、大名にいたるまで、幅広い客層を相手にした。そのため、時代を経ると遊女の階層化が進んで人数も増え、１８４９年には、４６００人を超える遊女が在籍していた。

3 赤報隊を切り捨てた西郷隆盛の非情

「西郷どん」の知られざる一面

愛犬のツンを連れた、浴衣姿の西郷どん。

日本人ならば、※上野恩賜公園に建てられた西郷隆盛の銅像を知らない人はいないだろう。現在でも好感度が高く「偉人」と呼ばれる人物の一人だが、明治期においての西郷の人気は、私たちの想像をはるかに超えていた。

なにしろ、毎晩1時頃に辰巳《たつみ》の方向に現れる赤色の星を望遠鏡でよく観察すれば、陸軍大将の制服を着た西郷隆盛の姿が見える……そんな荒唐無稽な噂話が本気で信じられ、※「西郷星」を一目みたいと、物干し台から空を見上げる人が続出したくらいである。しかも、それは西郷が西南戦争を起こす前のことだ。生きているうちから伝説と化していた男、それが西郷隆盛である。

※上野恩賜公園に建てられた西郷隆盛の銅像

だが、国民的な英雄ほど裏の顔とのギャップは激しい。朴訥《ぼくとつ》な薩摩隼人というイメージは完全に現代人の誤解であり、西郷の死後に作り上げられたものだ。実際の西郷は、彼が好んでよく使った「敬天愛人《けいてんあいじん》」（天を敬い、人を愛する）という境地からは程遠い、冷徹で威圧的な人物だったのである。

西郷は、子供時分から気性が激しいことで知られていた。ケンカをすれば、鞘から刀身を少し出し、鞘に収めるときに音を出して「いつでも斬ってやるぞ」と相手を威嚇するような少年だった。

そんな威圧癖は成長しても変化しなかった。王政復古直後に開かれた小御所会議※のときのことである。徳川慶喜の処遇に関して、西郷は「そいは、短刀一本で用は足りもす」と、反対派に圧力を加えて、決着を無理やりつけようとしている。

天敵である大老の井伊直弼が暗殺されたときは、よほどうれしかったらしい。一周忌には、盟友の大久保利通に「昨日は斬姦《ざんかん》の一回忌にて、早天より焼酎呑み方にて、終日酔い居り申し候」と手紙を書き送っている。喜びのあまり朝から晩まで飲み過ぎたというのだ。

西郷隆盛肖像画。写真や日記を残さなかったため、有名な割に謎が多い。

※西郷星 さいごうぼし　辰巳は南東の方角。きっかけは、西南戦争の年に地球に大接近した火星にある。1877年9月、赤く輝く火星のなかに西郷隆盛の姿が見えたという噂が広がり、それがいつしか毎晩のように見えると尾ひれがついたようだ。

※小御所会議　慶喜の辞官納地を中心議題とした会議。天皇も臨席。朝廷の小御所内で行われたことからこう呼ばれる。土佐藩前藩主山内豊信などは寛大な処置をすべきだと声を張り上げたが、西郷や大久保は辞官納地を強硬に主張。結果、この会議の場で辞官納地が決定した。24ページ注も参照。

西郷の主君・島津久光（国会図書館所蔵）

意外と根に持つタイプである。

友情に厚いというイメージも、そのまま信じていいかは怪しい。

西郷の親友と言えば、同じ薩摩藩士で維新の功労者でもある大久保利通だろう。その大久保が、必死に間をとりもって西郷を島津久光《ひさみつ》と会わせたことがある。

この当時、※薩摩藩の実質的なトップとなっていた久光は、兵を率いて上京し、国政に参加して公武合体政策を推進しようとしていた。大久保は、そのためには中央政界に顔が広い西郷が役に立つはずだと考えた。そこで、それまで奄美大島へ島流しにされていた西郷の帰藩をかなえるべく周旋し、これを実現。西郷は久光に意見を述べることになった。

西郷が情に厚ければ、親友の努力を慮って久光への対応に配慮したことだろう。しかし、久光に対する西郷の対応は非常に冷淡だった。久光の上京に反対したうえで、こう言い放った。

「御前には、恐れながら※田舎者であられるゆえ」

久光が卒倒しそうになるほど怒りを見せたのも、当然だろう。

※薩摩藩の実質的なトップ
「実質的な」と書いたのは、久光が薩摩藩主になったことはないから。1858年に息子が藩主になると、その父親ということで藩主と同等の扱いを受けるようになり、「国父」として薩摩藩のトップに立った。

※田舎者
この発言の元ネタは、久光が家臣に書きとどめさせた記録にある。原文中では「田舎者」を意味する「地ごろ」

そんな西郷のガラの悪さが存分に発揮されたのが、鳥羽・伏見の戦いを引き起こすための、幕府への挑発行為である。鳥羽・伏見の戦いの2月ほど前から江戸で放火や略奪が頻発していたが、それを命じたのが、ほかならぬ西郷隆盛だった。それも、薩摩藩士の益満休之助に浪士たちをけしかけさせるなど、自ら手を汚さないという徹底ぶりだった。

ここに、流布されている西郷のイメージとは合致しない、彼の陰険さが垣間見える。

幻の「年貢半減令」

「懐の深い西郷さん」が後世の誤解であると最もよくわかるのが、赤報隊《せきほうたい》にまつわる事件である。

西郷に依頼されて、幕府を挑発するために江戸の街を暴れまわった浪士の一人に、相楽《さがら》総三《そうぞう》という人物がいた。

相楽は商いで財を築いた郷士の父のもとに、四男として生まれた。生まれも育ちも江戸である。文武に優れており、20歳の若さで兵学の私塾を開くが、やがて尊王攘夷運動に傾倒していく。

※赤城山挙兵や※天狗党の筑波山挙兵にも参加した相楽は、京都滞在中に、西郷や大久保と交流を持った。そして、西郷に命じられ、幕府からの攻撃を引き出すために、江戸の街で略奪や暴行などに手を染めることになる。

という言葉が使われているが、これには相手を侮蔑する意味も含まれている。「前藩主の斉彬公が上洛するならともかく、あなたは田舎者ですから」という趣旨の発言を残したようだ。

※赤城山挙兵
儒学者・桃井可堂（もものいかどう）による攘夷計画。志士を育て群馬県の赤城山で挙兵して横浜の外国人居留地を襲撃しようと企てたが、メンバーの裏切りで失敗。この計画を相楽も援助していたようだ。

※天狗党の筑波山挙兵
水戸藩の攘夷派・天狗党による挙兵事件。八月一八日の政変によって攘夷運動が下火になると、幕府に攘夷の実行を促そうと茨城県の筑波山で挙兵したが、幕府の追討により敗北した。

筑波山挙兵を描いた錦絵。赤報隊結成前に相楽もこの攘夷運動に参加していた（豊原国輝「近世史略 武田耕雲斎 筑波山之圖」）

やっていることは強盗そのものだが、彼にしてみれば、これこそが倒幕への道であり、日本が前進するための行為だと信じて疑わなかったのだろう。その「功績」が評価されたのか、相楽は西郷から新たな任務を任される。

その任務とは、鳥羽・伏見の戦いで官軍が江戸に攻め入るのに先立って、各地の情勢を探り、反乱・暴動を鎮圧するというもの。裏を返せば、それだけ全国各地で世直し一揆※や打ち壊しが相次いでいたということである。

相楽には、鉄砲100丁と官軍の印である錦の御旗も与えられ、相楽を隊長とする「赤報隊」が結成された。信州方面へと進撃しながら、赤報隊は民衆の心をつかむために、ある政策を掲げた。

「年貢半減令」、つまり、年貢を半分にするというのである。もちろん、相楽が勝手に考案したものではない。西郷らに許可をもらったうえでの行動だった。

※世直し一揆
この時期、開国の影響で物価が上昇していたことに加え、米の買い占めや備蓄が増えて、米価が高騰していた。そのため、生活が困窮した農民は、年貢の猶予を求めて一揆を起こしたり、豪農や商人の家を壊したりしていた。

そんな呼びかけに民衆たちが大喜びしたことは言うまでもない。赤報隊のメンバーは日に日に膨れ上がっていった。それだけ年貢半減令はインパクトのある政策だった。こうして民衆たちを味方につけたことで、薩長軍は狙い通り、スムーズに東進することができた。

「ええじゃないか」と世直しを求める民衆

しかし、実のところ、年貢半減令も政権を取るために掲げたスローガンに過ぎなかった。つまり、「攘夷」と同様に実現する見込みがないものだったのである。

というのも、旧幕府領からの年貢については、三井や鴻池といった豪商に一任する約束を新政府はすでにしてしまっていた。その見返りとして、多額の献金も受け取っている。政府が人気取りのために始めた短絡的な「年貢半減令」に対して、豪商たちが異を唱えたことは言うまでもない。

今さら年貢を半減することなど、できるはずもなかったのである。

一転して偽官軍へ

そんな真相を知る由もなく、赤報隊は、年貢半減令

※三井や鴻池といった豪商　三井も鴻池も近畿を中心に商いをしており、幕末の頃には金融業も営んでいた。長年、幕府とのつながりが深かったが、三井は1865年に薩摩の御用達となり、1867年には1000両を倒幕資金として調達した。

をあちこちで告知して、勢力を拡大していた。しかし、実際には実現できないのだから、これ以上広まると、新政府の立場も悪くなってくる。

もはや、赤報隊は新政府にとって※厄介なだけの存在になりつつあった。

そこで新政府は信じがたい命令を出した。それが「偽官軍・赤報隊の追討令」である。

つまり、西郷自身が直々に命じ、錦の御旗まで与えたにもかかわらず、状況が悪くなると、相楽たちは「偽官軍」扱いされ、討伐対象になってしまったのである。

赤報隊からすれば、到底受け入れられないものだったが、あまりの展開に事情を話せば分かってもらえると思ったのかもしれない。相楽をはじめとした赤報隊幹部は、素直に出頭に応じている。

だが、彼らは二日二晩にわたって寒い中、食事も与えられないまま、縛りつけられた。そして、処刑所に連行されると、弁明の機会も与えられないまま、首を斬られた。相楽には妻子がいたが、処刑を知った妻は子供を姉に預けたうえで、自らも自害している。

あれだけ利用しておきながら、状況が悪くなると、さっさと切り捨てる。たしかに、そんな冷たい知略家としての西郷の働きがなければ、成し遂げることは難しかっただろう。大義なき明治維新という革命は。

※厄介なだけの存在
赤報隊には、相楽率いる本隊の他に、別働隊として二番隊と三番隊があった。この別働隊が狼藉を働いているという噂が流れたため、政府は一度、赤報隊に帰国を指示。別働隊はそれに従ったが、相楽率いる本隊は命令を無視し、要衝である碓氷峠を攻略するために進軍を続行した。しかし、この時点で政府に恭順する藩は多かったため、年貢半減令で民衆をひきつける必要はなくなっていた。こうした要素が重なったことで、赤報隊の命運は決まってしまった。

4 五箇条の誓文の建前と五榜の高札の本音

「五箇条の誓文」の真の目的

明治維新によって日本に近代化がもたらされたことは、ある一面においては事実である。しかし、江戸時代の封建制がすべて否定されたかと言えば、そうではない。実際のところは、江戸幕府と同じ政策が引き継がれている部分も少なくなかった。

慶応4（1868）年3月14日、明治新政府は「五箇条の誓文」を発表した。新しい政府による統治は、江戸幕府による治世とどう異なるのか。戊辰戦争の真っ只中に、その基本方針として打ち出されたのが、「五箇条の誓文」だ。

だが、「五箇条の誓文」は、政府が国民に対して誓約したものではない。※明治天皇が天地神明に誓約する形式で、公卿《くぎょう》や諸侯などに示したものである。実は、そこに大きな目的が隠されていた。

※明治天皇が天地神明に誓約する形式
京都御所紫宸殿において、天神地祇御誓祭（てんじんちぎごせいさい）という儀式のなかで五箇条の誓文は示された。その後、集まった人々は奉答書に署名し、天皇に従うことを神々に誓った。

「五箇条の誓文」は次のようなものだった。

一　広ク会議ヲ興《おこ》シ万機公論《ばんきこうろん》ニ決スベシ
（広く会議を興し、万機公論に決すべし）
〔広く会議を開いて、天下の政治は世論に従って決定するべきである〕

一　上下《しょうか》心ヲ一《いつ》ニシテ盛《さかん》ニ経綸※ヲ行フベシ
（上下心を一にして、さかんに経綸を行うべし）
〔上の者も下の者も心を一つにして、国を治めるべきである〕

一　官武一途庶民ニ至ル迄各其志ヲ遂ゲ人心ヲシテ倦《うま》ザラシメン事ヲ要ス
（官武一途庶民にいたるまで、おのおのその志を遂げ、人心をして倦まざらしめんことを要す）
〔公家も武家も庶民にいたるまで、それぞれの意志がとげられるようにし、人々が失望してやる気を失うようなことがないようにすべきである〕

一　旧来ノ陋習《ろうしゅう》ヲ破リ天地ノ公道ニ基クベシ

※経綸　けいりん
「国を治める」という意味だが、起草者の由利公正は、「経済振興」という意味で使っていた。福井藩士だった由利は、同藩の顧問を務めた横井小楠の影響を受けて、本来とは違う意味でこの言葉を使っていたようだ。しかし、同時代の人にとっても馴染みのない意味だったらしく、次第に「国を治める」という意味で解釈されるようになった。

（旧来の陋習を破り、天地の公道に基づくべし）
〔従来の悪しき習慣は改めて、国際社会に合った行動をしていくべきである〕

一 智識《ちしき》ヲ世界ニ求メ大ニ皇基《こうき》ヲ振起スベシ
（智識を世界に求め、大いに皇基を振起すべし）
〔新しい知識を世界から学び、天皇が国を治める基礎を築いていくべきである〕

一廣ク會議ヲ興シ萬機公論ニ決スヘシ
一上下心ヲ一ニシテ盛ニ經綸ヲ行フヘシ
一官武一途庶民ニ至ル迄各其志ヲ遂ケ人心ヲシテ倦マサラシメン事ヲ要ス
一舊來ノ陋習ヲ破リ天地ノ公道ニ基クヘシ
一智識ヲ世界ニ求メ大ニ皇基ヲ振起スヘシ
我國未曾有ノ變革ヲ爲ントシ朕躬ヲ以テ衆ニ先ンシ天地神明ニ誓ヒ大ニ斯國是ヲ定メ萬民保全ノ道ヲ立ントス衆亦此旨趣ニ基キ協心努力セヨ

有栖川宮幟仁親王が揮毫した五箇条の誓文

示されている内容は、立憲思想に基づいた民主主義の萌芽を感じさせるもので、異を唱える者は少ないだろう。江戸時代の封建制を打破する、新※しい時代の風を感じさせる基本方針だと言ってもいい。歴史の教科書で名前くらいは覚えたことがあるはずだ。

だが、この「五箇条の誓文」には別の目的があると、遠山茂樹は『明治維新』で次のように考察している。

※新しい時代の風を感じさせる基本方針
この条文は、政府の機関紙『太政官日誌』によって、3月19日には一般にも発表された。『太政官日誌』は江戸や京都の書店で購入できたが、購入者は武士がメイン。農民に知らせる必要はなかったようだ。

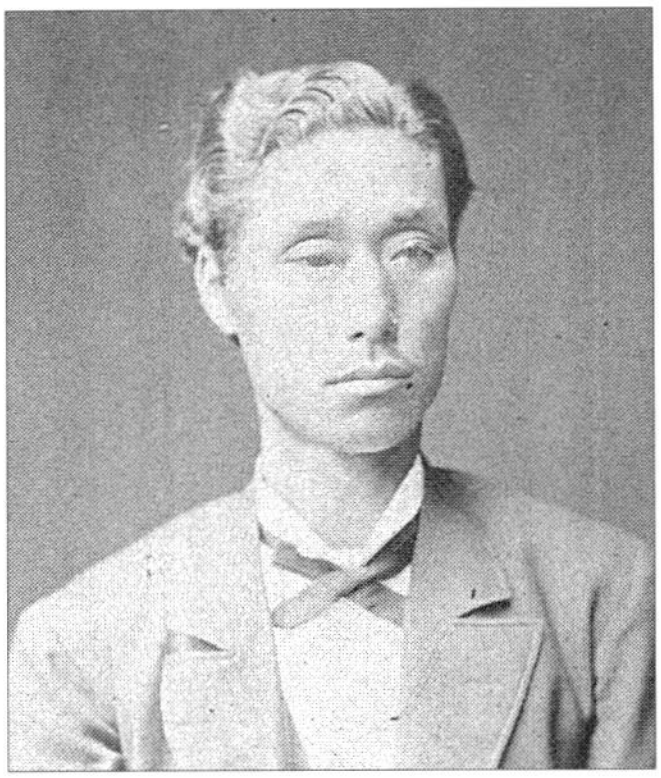

五箇条の誓文の原文を修正した福岡孝弟（左）と、それをさらに修正した木戸孝允（右）。木戸は福岡案の「列侯会議」を「広く会議」と変更した（左／福井市立郷土歴史博物館蔵）

「それは決してかかる超時代的な抽象理念を提示したものではなく、明治元年三月十四日の特殊時点において具体的かつ現実的な効果を求めて作成されたものであった」

何を言わんとしているのか、少し説明が必要だろう。

冒頭に述べたように、「五箇条の誓文」は、明治新政府が国民に対して誓約したものではなく、明治天皇が公卿や諸侯などに示したものだ。このときはまだ戊辰戦争の最中であり、諸侯のなかには、徳川氏に恩義を感じて、明治政府側につかない者や、態度をはっきりさせていない者も少なくなかった。そんな状況だからこそ、慶喜征伐のための協力体制を、この「五箇条の誓文」で作り上げようとしたのである。

もともと「広く会議を興し、万機公論に決すべし」には、「列侯会議」※という語が、土佐

※**列侯会議** れっこうかいぎ
「列侯」とは、「大名」「藩主」のこと。つまり、列侯会議は諸侯による合議制のこと。

藩の福岡孝弟※によって加えられていた。木戸孝允《きどたかよし》らが天皇中心にすべきだとして文言は削られたが、いずれせよ、これまでの徳川家中心の政治からの脱却が明確に打ち出されている。
事実、これに先立って、同年の1月に徳川慶喜の追討令が出された。さらに、「五箇条の誓文」の翌日には、江戸城総攻撃が開始されることになる。
つまり、「五箇条の誓文」は、徳川家にとどめを刺すための布石であった。

封建制を残した「五榜の高札」

どんな目的が裏にあっても、「五箇条の誓文」の意義は失われないという考え方もあるだろう。しかし、ほぼ同時期に、国民に向けて出されたお触れは、まったく違う顔をしていた。
「五榜《ごぼう》の高札※」と呼ばれるその五箇条は、次のようなものだった。

第一札「五倫道徳遵守」
第二札「徒党・強訴《ごうそ》・逃散《ちょうさん》禁止」
第三札「切支丹《きりしたん》・邪宗門《じゃしゅうもん》厳禁」
第四札「万国公法《ばんこくこうほう》履行」
第五札「郷村脱走禁止」

※**福岡孝弟**　ふくおかたかちか（1835～1919）土佐藩出身。身分が高い上士の家柄。後藤象二郎とともに徳川慶喜に大政奉還を献言したことでも知られる。文部卿や行政を担う参議などを務めた。

※**高札**　こうさつ　藩や幕府が庶民に法令を伝達するための形式。上部が屋根状になっている板に法令を記し、特定の場所に設置して庶民に知らせた。

第一札は、「五倫の道徳を守ること」。五倫とは、儒教の教えで、人として守るべき五つの道徳法則のことである。

父と子が互いに情愛を持つ「父子の親」、君主と臣下は互いに慈しみの心を持つ「君臣の義」、夫婦がそれぞれ役割を果たす「夫婦の別」、年少者が年長者を敬い、年長者が年少者を慈しむ「長幼の序」、友人間が互いに信頼する「朋友の信」の5つのことを指す。

そのほか、第一札では、病人や孤児へ憐憫《れんびん》を持つことや、殺人や放火などの悪業の禁止が謳われている。いずれも、旧幕時代のものを引き継いだものだ。

第二札以降※をみても、「五箇条の誓文」とは打って変わって「禁止」「厳禁」といった文字が並ぶ。徒党を組んで強訴することを禁じ、さらにキリシタンを禁じた。いずれも、いうまでもなく江戸時代から引き継いだものだ。

大衆にお触れを出すにあたって、太政官はわざわざ旧幕府の高札を撤去して、新たに五枚の制札を立てた。だが、「五榜の高札」の内容を見る限りは、新しい時代の風はまるで感じられない。

「キリシタンの禁止」についても、長崎県浦上村《うらがみむら》での隠れキリシタンたちに対しては、江戸幕府の対応を引き継いだ格好となった。明治政府が発足したばかりの頃、使徒3000人以上を流罪にし、流刑地で弾圧を与えて苦役を課したのである。

※**第二札以降**
第一〜三札は、新政府に従った地域に設置されたが、第四札・第五札は当面のものとされ、全国的に設置されたわけではない。

だが、諸外国からの反発が強かったことから、この方針はすぐに変更された。政府は浦上村の中心人物100人あまりを長州藩、津和野藩[※]、福山藩[※]に預けて藩の給付で生活させることを決定。そうしておきながら改宗を待つという、これまでに比べて非常に穏健な対応にシフトしている。結局、1871（明治4）年には、キリシタン禁制の高札は撤去されることになる。方針がぶれまくっているのだ。

歴史を変える革命には「民衆に語られる言葉」が必要不可欠だ。

欧米列強の一翼をになったフランスでは、フランス革命において「自由、平等、友愛」がスローガンとして掲げられ、その実現を夢見た庶民階層が革命の原動力となった。戦後に起こったキューバ革命では、フィデル・カストロが演説で「祖国か死か　われらは勝つ」と打ち出して民衆を鼓舞し、社会体制を変化させている。

そのような革命と比べると、明治新政府の民衆への対応が、いかに遅れていたかがわかる。とりわけ、徒党や強訴を禁じたことは、近代化からは程遠い。旧来の高札を見たところで、民衆が語りたくなるような言葉など、どこにも記されていなかっただろう。

「五箇条の誓文」で理想を語りながら、大衆には「五榜の高札」で締めつけを行う。しかも、それは中途半端なもので江戸時代ほど徹底はできなかった――。それが、悲しいかな「新しい明治政府」のやり方だった。

※**津和野藩**　つわのはん
現在の島根県南西にあった藩。近代哲学の父・西周の出身藩。神道が盛んな地域でもあった。

※**福山藩**　ふくやまはん
現在の広島県南部にあった藩。幕政改革に着手した阿部正弘を輩出した親藩。近代化政策に積極的だった。近鳥羽・伏見の戦い後、親藩だという理由で新政府軍から攻撃されるが、恭順の意を示したことで許された。

5 伝統を壊した「仏教弾圧」と「神道の国教化」

神道国教化のための布告

一般的に、明治維新は「先進的で新しい」「近代化」といったイメージが強い。

だが、それは完全に誤解と言っていいだろう。実際には、旧態依然とした前近代的な政策も数多く実施していたのである。

封建制を打破した明治政府が新たなスローガンとしたのは、「神武創業の始めにもとづく」、つまり、神武天皇※の精神に返るということだった。

もちろん、原点に回帰すること自体は悪いことではない。だが、それは「神道を国教化し、仏教を排斥する」という、史上最大の愚策というかたちで具現化されることになった。

大失敗に終わったため、明治維新を賛美するにあたっては「なかったこと」にされているが、歴史をきちんと評価するためには、この政策をつまびらかにしておく必要がある。

※**神武天皇** じんむてんのう 皇祖神アマテラスオオミカミの血を引く初代天皇。尊王思想の高まりによって、士族の畏敬の対象となっていた。

ことの発端は、慶応4（1868）年3月13日に出された、次のような太政官《だじょうかん》布告である。太政官とは、明治維新後に置かれた最高官庁である。

「このたび王政復古、神武創業の始めに基づかれ、諸事御一新《ごいっしん》、祭政一致《さいせいいっち》の御制度に御回復遊ばされ候に付いては、先《ま》ず第一に神祇官《じんぎかん》御再興御造立の上、追々諸祭典も興されるべく仰せ出《いだ》され候」

仏具を焼く神官たち（『開化乃入口』国会図書館所蔵）

かつて、神武天皇は大和橿原※の地に都を定めた。そのときの精神に立ち返って大改革を行う、という旨が書かれている。具体的には、「古代社会のように祭祀《さいし》と政治を一体化（祭政一致）させよう」というのが、明治新政府の方針だった。

そのために、「神祇官《じんぎかん》」という、大化の改新以後に設置された、神道の祭祀をつかさどる役所を復活させるのだという。

では神祇官の役割とはどんなものなのだろう。続きを読めば明らかになる。

「よってこの旨五畿七道《ごきしちどう》諸国に布告し、往古に立帰り、諸家執奏《しょかしっそう》配下の儀は止められ、あまねく天

※**橿原**　かしはら
『古事記』『日本書紀』によれば、神武天皇の陵墓もこの橿原周辺にあるとのこと。その記述に基づき、幕末から陵墓の場所が検証された結果、畝傍山周辺の円丘が神武天皇陵だということになった。現在でもこの陵墓は宮内庁が管理している。1890年には、明治天皇の命で、この地に神武天皇を祀る橿原神宮が創建された。ただし、神武天皇は実在が疑問視されているし、この地に神武天皇が眠っているという考古学的な裏づけもない。

下の諸神社神主《かんぬし》禰宜《ねぎ》祝神部《はふりべ》に至るまで、向後右神祇官附属に仰せ渡され候間、官位を初め諸事萬端《ばんたん》同官へ願出候様相心得べく候事」

簡単に言えば、ここには全国の神社・神職が、神祇官の附属となる旨が記されている。なお、この布告が出されたのは、五箇条の誓文発布の前日にあたる。基本方針よりも、はるかに重要だったのだろう。※神道を仏教の支配から分離したうえで、国教化しようというのが、明治新政府の狙いだった。

仏像・仏具が破壊された

なぜそんなことをしたのか、それについては後述するが、よほどこの政策を実現させたかったのだろう。はやる気持ちを抑えられないというふうに、政府はその後も矢継ぎ早に関連する法令を出している。

布告から4日後の3月17日には、「別当及び社僧の復飾《ふくしょく》令」が発布された。復飾とは、髪を伸ばすということ。つまり、これまで寺院の運営などを行ってきた神職の上位（別当僧や社僧）を廃止するということである。さらにこれを徹底させて、4月4日は「別当及び社僧の還俗《げんぞく》令」も発布。僧をやめさせて、俗人にさせている。

そして、極めつけが、3月28日に出された「神仏判然令《しんぶつはんぜんれい》」である。これによって神仏は区別されて、社から仏語・仏像・仏具などは除去されることになった。いわゆる「廃仏毀《はいぶつき》

※神道を仏教の支配から分離したうえで　このことから、このとき出された太政官布告は「神仏分離令」とも呼ばれている。

釈《しゃく》」であり、全国各地で仏教弾圧が行われた。その代表例が日吉社※神殿での事件である。

4月1日、日吉社神殿には、兵士や社司がやとった村民など100名が乱入してきた。率いたのは、平田派の国学者で社司であった樹下茂国《じゅげしげくに》である。

現在の日吉大社鳥居（kkb3/Shutterstock.com）

彼らは新政府の意向を伝えたうえで、日吉社神殿の鍵を引き渡すように、管理者である延暦寺の三執行代に迫った。

政府による布告は、通常、大津裁判所から三執行代へ伝えられるという流れになっていたが、いかんせん、布告されてからわずか数日である。寝耳に水であり、急いで会議を開いた結果、鍵の引き渡しの要求を拒否することに決めた。

すると、樹下の一隊は実力行使とばかりに、鍵をこじあけて土足で神殿に乱入。社殿に祀られていた本地仏《ほんじぶつ》や仏具、仏器、経巻など124点を破壊して、焼き捨てるという暴挙に出た。そのほか、鰐口※など48点にのぼる金具を持ち去ったというから、完全に強盗である。

※日吉社
延暦寺の守護神を祀る神社。そのため延暦寺との縁が深く、天台宗から受けた影響は非常に大きい。なお、日吉社は山岳信仰の影響も色濃く受けており、諸宗が入り混じった信仰を守っていたが、神職よりも僧侶の方が立場は強く、そのことに樹下は不満を抱いていたようだ。

※鰐口　わにぐち
お堂の軒先につるされた打楽器。円形の盆を組み合わせた仏具で、鰐の口のように大きく口が開いていることから、鰐口と呼ばれる。

破壊と略奪行為は半日間にわたって行われた。その後、日吉社祭祀をめぐって、延暦寺と神官は住民を巻き込んで対立する羽目になる。

京都でも、※祇園社は八坂神社、※石清水八幡は男山神社、愛宕山大権現は愛宕神社と改称させられたうえに、やはり仏像や仏具を破棄あるいは売却させられたほか、地蔵などの石像も破壊されている。

廃仏毀釈が激しく行われた宮崎や鹿児島では、首のない地蔵が今でも残されている。僧侶が殺されるという噂も流れ、人々の間で不安と恐怖は増幅されるばかりだった。

政府としても、これほどまでの破壊活動が行われるとは想定していなかったようで、4月10日には、仏具や仏像を取り壊す際には申し出るようにと布告を出している。あまりにもお粗末な対応である。

宮崎県の住職である佐伯恵達《さえきえたつ》は『廃仏毀釈百年』でこう述べて、明治新政府の愚策を「いわゆる宗教クーデター」だと断じている。

「要するに、神仏判然令は、寺院内にあった仏社を無理押しと暴力によって破棄して、新たに神社を作るための令であり、寺院破壊ののろしであったのです」

政府による神道国教化政策では、仏像・仏具の破却や寺院の統廃合だけではなく、僧侶に仏教教義の説教を禁じ、天皇崇拝と神社信仰に基づいた説教を強制した。当然のことながら、僧侶たちから強い反発を受けて、政府は方針を改めざるをえなくなる。1889（明

※**祇園社** ぎおんしゃ
祇園は仏教に由来する言葉。インドの富豪が釈迦の説法にと提供した寺院が、祇園精舎と呼ばれていた。

※**石清水八幡**
八幡神は、仏教を守護する神として信仰されていた。石清水八幡宮は僧侶が建てた寺院であるため、仏教色が強く、運営も僧侶が担うのが一般的だった。

※**愛宕山大権現**
愛宕山は修験道や仏教の修行場として知られ、明治以前は白雲寺と呼ばれる寺院があった。「権現」は神の号ではあるが、神道よりも山岳信仰の色合いが濃い。

治22）年に発布された大日本帝国憲法では、信教の自由が明記されることになった。

明治政府を裏で操る「平田一派」

それにしても、なぜ政府はこのような無謀な宗教政策を行おうとしたのだろうか。最初に太政官布告として神道国教化が謳われたのは、冒頭に書いた通り、慶応4年3月13日だが、実はそれ以前に布石が打たれていた。

1867（慶応3）年12月末、徳川慶喜による大政奉還が行われ、朝廷に将軍職が返上された。それが、徳川家が依然として政治的影響力を持つための、慶喜による起死回生の策だったことは、すでに書いた通りだ。

しかしそれは、薩摩・長州にとって、いかにも具合が悪いことだった。慶喜の動きを察知していた薩摩・長州は、幕府を打倒するために、公家の岩倉具視と結び、秘密裏に御前会議を開催。大政奉還と同じ日に大久保利通の手へ、薩摩・長州両藩による倒幕への密勅が手渡されることになる。

慶喜には先を越されるかたちになったが、明治元（慶応4）年、「王政復古の大号令」が発せられる。これによって、摂政・関白・将軍は廃止され、代わりに総裁・議定・参与※の三職が置かれた。薩摩・長州によるクーデターであり、それに抵抗する旧幕府軍との間で、戊辰戦争が行われることになる。

※**総裁・議定・参与**
そうさい・ぎじょう・さんよ
総裁は最高官職。皇族の有栖川宮熾仁親王（ありすがわのみやたるひとしんのう）が就いた。議定は皇族、公卿、諸侯から任命され、行政官庁を監督。参与も行政について協議する役職で、公卿や藩士が任命された。ただ、実質的には、参与の公家や藩士が指導的な立場にあった。

「神武創業に復古する」ことを理想とした「王政復古の大号令」。この発布のとき、三職の外に置かれたのが、神祇事務総督とその掛《か》かりだ。これが神道国教化の布石となった。その裏には、国学者の最大流派で、2000を超える門人を擁した平田一派の力が働いていた。

平田派は復古神道の代表的学派であり、※平田篤胤を淵源としていた。その門人の一人が、国学者の玉松真弘《たままつまひろ》だ。後に玉松操《みさお》と改名した彼は、岩倉具視の右腕として働き、倒幕への密勅の文案を作成している。この平田派の意向が色濃く働いたのが、明治新政府による強引な「神道国教化政策」だったのである。

もちろん、それは、薩摩・長州にとっても利のある政策であった。なにしろ明治維新とは、薩摩藩と岩倉らの一部公家、そして、後に上京した長州藩が加わったものであり、大義名分のないクーデターである。神祇官を復活させて祭政一致を実現することは、明治新政府を権威づける、このうえないチャンスだった。

仏教の弾圧という大失策は、明治新政府側が「正当性のなさ」を自覚していた何よりの証だと言えるだろう。しかも、この復古的な政策も、結局は※欧化政策に押されて有名無実化する。平田派への一時的なご機嫌取りに過ぎず、そこまで本気で取り組むこともなかったのである。

ただ、泣くのは、破壊された仏様のみ。何がしたかったのか、と問いたくもなるが、聞くだけ無駄な気がしてならない。

※平田篤胤 ひらたあつたね（1776～1843）現在の秋田出身。脱藩して江戸に移って学問を修めたのち、本居宣長の著作に影響を受けて国学研究に傾倒。天皇への崇敬を説く教義は維新の志士や神官に大きな影響を与えた。

※欧化政策に押されて有名無実化 玉松は、天皇の教育係になって『日本書紀』などを講義しながら、国学の教育施設を設置することを提案。しかし、開国路線の政府がこれを聞き入れるはずもなく、玉松は職を辞した。

第二章

混乱だらけの内政改革

6 だまし討ちに近かった版籍奉還と廃藩置県

理解されていなかった？　版籍奉還と廃藩置県

明治維新による大改革を挙げるならば、「版籍奉還《はんせきほうかん》」と「廃藩置県」の二つは必ず入ってくるだろう。

版籍奉還では、藩の領地（＝版）と領民（＝籍）を天皇に返上させ、さらに、廃藩置県では、これまでの藩※を廃止して、県を置くことになった。この2段階の改革によって、明治天皇を中心とした国家の中央集権化が急速に進められることになる。

これだけの改革が何の反乱もなく、スムーズに行われたのはなぜなのか——。版籍奉還と廃藩置県については、しばしばそんな疑問が呈される。

その答えとしては「大半が真意を理解していなかった」、つまり誤解していたという点に尽きるだろう。そして「大きな混乱もなく行われた」というのもある種の誤解で、「受

※**藩を廃止して**
現在では大名の領地のことを「藩」と呼ぶのが一般的だが、この呼称が江戸時代に使われることは滅多になく、正式に使用され始めたのは、版籍奉還のときから。江戸時代は大名家の名を冠して「〇〇家中」と呼んだ。

け入れざるを得ない状況だった」というのが正確であり、改革が前向きに受け入れられたわけではなかった。諸藩が抱える深い事情が、そこにはあった。

藩主に相談せず決めた藩もあった

廃藩置県発表を描いた日本画

版籍奉還は、一斉に行われたわけではない。薩摩藩、長州藩、土佐藩、肥前藩の四藩（「薩長土肥」）※が明治2（1869）年1月20日、版籍奉還の表を政府に上奏した。

その上表には、次のように書かれていた。

「抑《そもそも》臣等居る所は、即ち天子《てんし》の土、臣等牧する所は、即ち天子の民なり。安《いずく》んそ私有すへけにや。今謹みて其版籍を収めて之を上る。願《ねがわ》くは朝廷其《その》宜に処し、其与ふ可きは之を与へ、其奪ふべきはこれを奪ひ、凡列藩の封土、更に宜しく詔命を下し、これを改め定むへし」

私たちのいる場所は天子の土であり、私たちがやしないおさめる人民は天子の民である――。要するに、「藩の領地と領

※薩長土肥
草案は薩摩藩が作成。伊地知貞馨（いじちさだか）を中心に、小松帯刀、吉井友実が起草した。はじめは薩長土の三藩の計画だったが、大久保が肥前藩の大隈重信らに参加を提案したことで、四藩による建言となった。なお、形式的には、各藩の藩主の連名で建言されている。

版籍奉還時の姫路藩主・酒井忠邦

民を天皇に返上する」という意となる。明治新政府の中心となる四藩が先駆けて、版籍奉還を行ったということだ。

これは、いかにも巧みな方法であった。なにしろ、領土や人民を取り上げられてしまうのだ。もし、明治新政府から押し付けるかたちで命じたならば、大きな反発も起きたに違いない。だが、まずは見本を見せるように、四藩がやってみせた。これでは、他藩も追随せざるを得なくなる。

また、この版籍奉還の重要性を理解している者がほとんどいなかったことも、明治新政府にとっては幸いだった。

※姫路藩にいたっては、先の四藩よりも早く版籍奉還を願い出ている。しかし、率先して提出することで、政府から特別扱いを受けようとしていたぐらいで、深く考えたうえでの行動ではなかった。

ほかの藩主たちも、姫路藩のように「いったん天皇に領地と人民が預けられるだけで、また再交付されるだろう」と軽く考えていた節がある。つまり、大名は、徳川時代と同じく実質的な支配権は担保されると思っていたのである。なかには藩主の意向を聞かずに、

※姫路藩
藩主の酒井家は徳川家と縁が深く、戊辰戦争にも徳川方として参加した。そのため戦後は朝敵に指定され、藩主の忠惇は官位を剥奪されたうえで京へ入ることを禁じられた。版籍奉還を願い出たのは、忠惇の次の忠邦の代になってから。新政府にいつまでもにらまれないよう、政策にいち早く同調したのだろう。

在京の重役だけで決めた藩すらあったという。

結局、これだけの大改革でありながら、5月までには262の藩主が版籍奉還を上表することになった。旧藩主を新藩知事とし、旧藩の実収の10分の1を藩知事の家禄と定めたことも、版籍奉還がスムーズに実現した要因の一つだった。

のしかかる明治維新の負担

だが、版籍奉還が行われたのち、藩主たちが期待したように、土地や人民が再交付されることはなかった。

そして、のしかかったのは重い負担である。なにしろ、戊辰戦争の費用は300万両かかり、その上、遷都[※]までしている。明治新政府の財政状況は厳しく、それが各藩への要求へとつながっていく。

金だけではない。慶応4年閏4月、明治新政府は「陸軍編成法」を布達。各藩は1万石に付き、フランス式兵制の兵数を60人出すように要求。丸亀藩（5万1500石）、龍岡藩（1万6000石）、多度津《たどつ》藩（1万石）など小さい藩は、政府の要求に応えることができず、廃藩を自ら申し出ている。

やがてその波は大きな藩にも及び、尾張藩（62万石）、肥後熊本藩（54万石）、因州鳥取藩（32万5000石）、阿波徳島藩（25万8000石）なども、廃藩に踏み切ることになる。

※遷都
江藤新平と大木喬任の建言により、明治元年11月13日、天皇は京都から東京に移動。遷都の詔は出ていないものの、この日を境に首都機能は東京に移った。

そうして廃藩の建白書が相次ぐ状況は、明治新政府からすれば、藩を廃止して新たに県で区分けする「廃藩置県」を行うのに、このうえないタイミングだった。

版籍奉還だけでは、藩主の代わりに藩知事と名称が変わっただけで、中央政権化としては不十分だ。中央集権化を完成させるためにも、廃藩置県は第2のステップとして行わなければならなかったのである。

廃藩置県を行うにあたっては、版籍奉還のように藩の意向を汲《く》むことはしなかった。1871（明治4）年7月14日、56人の旧藩主たち[※]は突然、呼び出されて、天皇から「藩を廃し県と為す」という廃藩置県を断行する詔勅が下されたのである。

まるでだまし討ちだが、廃藩置県を決めたのは、木戸や西郷、大久保など薩摩・長州の指導者のみ。前述したように、すでに多くの藩の財政状況が苦しかったため、廃藩置県にあたって説得が必要だったのは特権を握っていた薩摩藩であり、西郷隆盛であった。

よほど骨が折れたのであろう。木戸は慎重派の西郷を説得に成功したとき、次のように日記に喜びを綴っている。

「大に為国家に賀し、其前途の進歩も亦於于此一層するを楽めり」

（西郷から廃藩置県に同意するという返事を得たこと、国家のために大いに祝いたい。ここにおいて、国家の前途もますます楽しみである）

そうして意見がまとまったのは、廃藩置県が断行されるわずか5日前である。56人の旧

※56人の旧藩主たち
旧藩主が知藩事となったため、その人数は200人以上にのぼったが、廃藩置県のときには在京の知藩事が集められた。

藩主たちにとっても寝耳に水であったが、ギリギリまでせめぎ合っていたこともまた事実であった。

決行が決まったならば、いかに諸藩を従わせるかということが、議論の中心となった。

突然、56人の旧藩主たちを呼び出したことは前述したとおりだが、上京に応じない時点で、親兵という直轄軍を向かわせることまで決めていた。この政府直轄軍の親兵は、明治4年の初めに薩摩・長州・土佐の提携によって創設されたもので、総数は約8000人にも上った。

断行前の話し合いで、長州藩の井上馨が、同席者にこう尋ねた。

「多少の動揺があった場合は兵を用いる必要が生じるが、その覚悟はあるのか」

すると、西郷と※山県有朋がこう答えたという。

「兵は吾々が引き受ける」

強大な兵力を武器にして、強引に廃藩置県を進めたことがよくわかるやりとりである。

明治維新の功績として挙げられる「版籍奉還」と「廃藩置県」。

中央集権化には不可欠の政策だったが、当時の藩主たちからすれば、前向きに納得したわけではなく、やむをえない状況のなかで、なし崩し的に行われたものだった。

※**山県有朋** やまがたありとも（1838〜1922）陸軍軍人、政治家。長州藩に生まれ、高杉晋作が創設した奇兵隊に参加。そこで頭角を現し、明治維新後は政府に入り、陸軍第一軍司令官、陸軍参謀総長、内務大臣、内閣総理大臣などを歴任。軍部や政官界に幅広い人脈を築き、日本軍閥の祖と呼ばれた。

7 明治維新を裏で支えた幕臣たち

幕臣たちの明治維新

明治時代になり、新しい時代を担った人物といえば、大久保利通、西郷隆盛、木戸孝允ら「維新の三傑」が、まず挙げられるだろう。そのほかならば、戊辰戦争において明治新政府側として活躍した、薩摩・長州・土佐・肥前の「薩長土肥」※の藩士たちの名が挙がるはずだ。

敗者は去り、勝利者たちが新しい時代を創る――。当然のことだろう。

だが、実態はそうではなかった。敗れた江戸幕府の幕臣たちは、明治新政府でも大いに活躍していた。

いや、正確に言うならば、明治新政府は政権を運営するにあたって、彼らに頼るほかはなかったのである。

※「薩長土肥」の藩士たち　維新の三傑に7人を加えて、維新の十傑ということも。薩摩は小松帯刀、長州は広沢真臣、大村益次郎、前原一誠、肥前は江藤新平、土佐藩出身者はなく、肥後の横井小楠、公家の岩倉具視の7人。

幕臣に示された「3つの選択肢」

1868（慶応4）年、江戸城が無血開城され、新政府の手に渡った。

徳川慶喜は水戸で隠居することになった。では、慶喜に代わって、徳川宗家の家督を相続したのは誰だろうか。

答えられる人は、それほど多くないかもしれない。無血開城以後は、歴史の主役は明治新政府となり、徳川家の行方については、歴史の授業でもさほど触れられないからだ。

答えは、田安亀之助《たやすかめのすけ》、後の徳川家達※である。

家達は駿府《すんぷ》藩主として70万石を与えられた。もともとの徳川宗家の領地は、直轄領が約400万石、旗本領約300万石で、合計700万石である。つまり、徳川家の領地はわずか10分の1になってしまったわけである。

70万石の領地で召し抱えられる藩士の数は、せいぜい5000人程度。

一方、旗本や御家人など幕臣たちの数は、約3万3400人にも上った。

大リストラをしなければならないことは、誰の目にも明らかであった。徳川家は、3つの選択肢を幕臣たちに示した。

幼少時の徳川家達

※徳川家達　とくがわいえさと（1863～1940）徳川慶喜の養子として、徳川宗家を相続。成長すると静岡藩知事、貴族院議長などを歴任。1921年に開かれたワシントン軍縮会議の全権も務めた。

①主家とともに駿河へ移住する
②朝臣《ちょうしん》として新政府に所属する
③武士身分を捨て帰農・帰商する

①は、駿河に移住して、引き続き徳川家に仕えるというもの。
②の「朝臣」は、明治新政府に仕えるということになる。必ずしも政府の要職に就くわけではないが、政府に登用され、禄高も屋敷もそのままになる。のちに、禄高は大幅に減らされるが、戦に負けた「賊軍」にしては、かなりの厚遇と言えるだろう。
③は、そのいずれかでもなく、農業や商い※を始めるというものだ。
もし自分だったら……と考えると、多くの読者は②を選ぶのではないだろうか。私もそうではないかと思う。

しかし、実際どうだったかといえば、①の駿河への移住が1万5000人と最も多く、②を選んだのはわずか5000人だった（なお③を選んだのは6000人）。

引き続き徳川家の家臣となるということは、無禄を覚悟して、駿河についていくということ。家禄と屋敷が維持される朝臣とは、天と地のような差である。にもかかわらず、大半が徳川家に引き続き仕えたいと考えたのだ。

幕臣たちのそんな心意気に、徳川家はさぞかし喜んだだろう、と思いきや、実際のとこ

※商い
幕臣による商いについては、141～147ページも参照。

ろは弱ってしまった。大人数を召し抱えることは難しく、新政府に仕えてくれたほうが、徳川家としてはむしろ助かったのだ。

「無禄無住でも構わない」という幕臣たちに向かって、徳川家は何度となく、こんな諭達を出している。

石を喰う、砂をかじるといっても、それは口だけいうべきことで、実際に行えるものではない。結局は藩主に迷惑をかけ、自身も飢えに苦しむ。※双方のためにならないから、今のうちに方向を決めて、将来困らないようにしなさい。

政権から追われた徳川家からしても、明治新政府の不人気ぶりには、困惑したようだ。ただし、新政府に仕えなかったのは、徳川家への忠誠心というよりも、村八分される恐怖心から、その道を選べなかったという側面もあったようだ。

新政府になびいた幕臣たちは、周囲から白い目で見られた。魚屋や八百屋にいたっては、朝臣の屋敷には、物を売らないようにしていたという。

元幕臣が国づくりに大きく貢献した

岐路に立たされた幕臣たちは、多くが徳川家家臣として駿河への移住を決めたが、※それ

※飢えに苦しむ
とにかく食糧の確保が難しかったため、家臣団は土地を開墾することにした。その代表が、現在、静岡茶の産地として知られる牧之原台地である。稲作に適さない土地だったが、茶葉の栽培や牧畜などによって、旧幕臣たちは食料をなんとか賄おうとしていたようだ。

※多くが徳川家家臣として駿河への移住を決めた
静岡藩までついていった後でも、元幕臣たちは能力を買われて政府から出仕を請われることがあった。その場合は世間の風当たりも厳しくなかったようだ。

でも1万5000人である。朝臣となった5000人や帰農・帰商した600人を足しても、もともとの家臣の数、3万4000人には及ばない。

その理由の一つが、戊辰戦争中に江戸から脱出して、転戦した幕臣たちがいたということ。そしてもう一つが、大蔵省、外務省、神奈川府など、政府の関係機関に仕えた者が、朝臣とはまた別にいたためである。

例えば、大蔵省には130～140人、外務省には100人の幕臣が仕えている。繰り返すが、彼らは新政府側から見れば「逆賊」だ。それなのに、冷遇されるどころか、むしろ新しく活躍の場を得て、重要な仕事を任されていたのである。

そのことは、大久保利通も苦々しく思っていたようだ。1868（明治元）年9月に岩倉具視に宛てた手紙で、次のように書いている。

東京府の旧幕臣たちは、一掃しなければならない。東京府会計局は古い慣習のまま、幕府の役人を登用している。

大久保が危惧するのも無理はない。

維新当初は、一般行政から財政まで、※ほとんどが旧幕臣たちにゆだねられていたといっても過言ではなかった。これでは、頭がすげかわっただけで、実務を行っている人材は、

※ほとんどが旧幕臣たち
政府の官吏のうち、およそ3分の1の1750人近くが旧幕臣で占められていたという。

何ら江戸幕府と変わらないということになってしまう。

だが、現実問題として考えると、「維新の三傑」と言われた3人ですら、藩レベルでの統治経験しかない。そのうえ、江戸幕府のような全国統治する組織を有しているわけでもない。どれだけ薩摩、長州が強力な藩だと言っても、政権を運営していくとなると、藩とは次元の全く違う能力が求められる。そのノウハウがないうちは、当然、旧幕臣たちに頼らざるを得ない。

手紙では威勢よく書いたものの、政府を運営する大久保自身が、そのことを痛感していたようで、実際は旧幕臣たちをうまく使っていた。門松秀樹は『明治維新と幕臣』で、次のように書いている。

「明治政府の草創期に政府を支え、また、維新の改革が軌道に乗るまで支え続けたのは、無名に近い、行政の現場にあった旧幕臣たちであった」

不平等条約の改正交渉のため、アメリカとヨーロッパ諸国に派遣された「岩倉使節団」には、全権大使の岩倉具視のほか、副使としては、木戸、大久保、伊藤博文らが名を連ねた。

一方で、書記官には旧幕臣が多く、司法大輔の※佐々木高行は、日記でこんなことを書いている。

「書記官には旧幕臣が多数いたので、使節や理事官などは、維新の仇を返されたるようなありさまだ」

※佐々木高行　ささきたかゆき（1830〜1910）土佐藩出身。後藤象二郎らとともに、藩主らに大政奉還を上申。維新後は岩倉使節団に随行している。帰国後しばらくしてからは明治天皇の側に仕え、宮中で大きな発言権をもった（画像：国会図書館所蔵）

晩年の勝海舟（国会図書館所蔵）

いくら地位が高くても、実務面で劣っていれば、イニシアチブが取れない。旧幕臣に頼らざるを得ない状況に、明治新政府側はフラストレーションをためながらも、ほかに方法はないと諦めている状況だった。

　こうした数々の幕臣たちが明治新政府を陰で支えていたが、なかには※上級ポストに登用された幕臣もいた。

　陸軍総裁として明治政府と渡り合った勝海舟や、幕府海軍の指揮官だった榎本武揚《えのもとたけあき》は、明治政府と対立した代表的な幕臣にもかかわらず、明治政府の閣僚として活躍。また、徳川慶喜とパリ万博を視察した渋沢栄一は大蔵省へ、徳川慶喜の側近だった西周《にしあまね》は文部省に登用されている。明治新政府の法律整備に尽力した津田真道《つだまみち》も、もとは幕臣だった。

　江戸幕府を否定して、誕生した明治新政府。

　だが、一枚皮をはがせば、変わらず幕臣たちが重要な実務を担い、明治維新に大きく貢献していたのである。

※上級ポストに登用された幕臣
勝海舟は、明治初期に短期間ながら外務や軍政の長官を務めた。榎本はロシアと樺太等の領有権について交渉し、その後は大臣クラスの要職に何度も就いている。渋沢栄一も、政府に出仕して経済政策に深く関わり、民間企業を設立して近代化政策を後押しした。

8 建前だらけで負担大　地租改正の偽り

「幕末」はいつから始まったのか。さまざまな解釈があるが、黒船来航※から、とする見解が最も多い。ペリーが開国を迫り、尊王攘夷運動が激化するなかで、幕府が弱体化していったのは、事実だろう。

だが、庶民たちにとっては、政治的なスローガンよりも、開国によって日々の生活がどう変わるのかが、一番の関心事だった。日米修好通商条約が締結されたことは、日本にとってデメリットばかりではなかったが、安い綿織物が輸入されたことで、国内の綿産業は大きな打撃を受けた。

その一方で、生糸やお茶が輸出されるようになると、国内消費分が品薄になり、生糸の値段が急騰。米や大豆の値段もその影響で上昇し、庶民の生活を逼迫《ひっぱく》させた。百姓一揆が急増したのも、この頃である。

※黒船来航
1853年、アメリカ海軍提督のペリーが浦賀に訪れたことを指す。軍艦2隻、蒸気船2隻が来航。ペリーは当初、威嚇のために10隻以上の大艦隊で押しよせようと考えていたようだ。なお、本土より先に、ペリー一行は琉球王国、小笠原諸島に上陸していた。

そんな暮らしへの不満に乗じて江戸幕府から政権を奪おうとしたのが、薩摩・長州である。前述したように、戊辰戦争のとき、西郷隆盛は赤報隊を使ってできもしない「年貢半減令」を打ち出したが、それは庶民が最も必要としている政策を掲げて、人心を引き付ける必要があったからだ。

明治政府は、廃藩置県によって領主を一掃させると、税制改革である「地租改正《ちそかいせい》」を本格化させる。

それは、国家の基盤である農村のニーズに応えるべく、税金の負担を軽くするはずの政策であったが、実態はまるで違った。庶民の生活はむしろ苦しくなったのである。

「自己申告」という嘘

1873（明治6）年、地租改正法と地租改正条例が公布され、以降、陸奥宗光※を租税頭として、税制改革が具現化されていく。これは、農村にとっては廃藩置県よりも生活に影響する、大きな改革であった。

地租改正のポイントは次の3つである。

①これまで石高に対して課税してきたのに対して、これからは地価に対して課税する

②租率は地価100分の3に統一して、一律とする

※**陸奥宗光**　むつむねみつ（1844〜1897）父は和歌山藩士。脱藩して坂本龍馬の海援隊に参加する。イギリスとの条約改正交渉で有名。西南戦争の時期には、元土佐藩士らのクーデターに加担していたとして、禁固刑に処されていた。

③納税はすべて金納制とする

これまでは、米で納められた年貢を、政府が売って金に換えていた。しかし、それでは米の出来によって税金の額が変わるため、予算を組むことが難しかった。

1879年発行の地券。地名・面積・持主・地価・地租の額が記載されている。

そこで※「土地の所有権を与えるので、毎年決まった額の税金を納めよ」というのが地租改正である。その前年には地券が発行されて、土地の所有権が確立することになった。

土地の私有が認められたうえに、地価は農民の申告に基づいて、政府との合意のもとに決定される、と条例では定められた。

重い年貢に苦しめられた時代が終わり、新しい時代が始まろうとしている――。条例をそのまま受け取った者は、そう感じたことだろう。

だが、現実は全く違った。政府は各土地の収穫高を反映して地租を決めたのではない。必要な国費の額を決めてから、各府県の地租収入予

※**土地の所有権を与える**　江戸時代は田畑の永代売買や商業作物栽培が禁止されていたが、明治政府はこの禁令を廃止して、土地の所有権を認めた。

定額を決定していたのだ。そして、府県はそれをさらに各町村に割り当て、町村は各戸に割り当てるというふうに、回収すべき税の目標額をきっちりと決めていた。

表向きは地価を自己申告としたが、それはあくまでもかたちだけ。村民たちから地価の申告がなされてそれが目標額より低ければ、地方官が突っ返していた。

高い地価に基づいて高い税を支払わされるとなれば、農民にとっては死活問題である。地方長官との間で激しい対立が生まれたが、政府側は村民から強引に承諾書をとり、自分たちの査定を押し付けた。

それでも抵抗する村民に対して、地方官がこんな脅迫をすることもあった。

「朝敵とみなして赤裸にして外国へ追放する」

口だけのこけおどしではなく、実際に投獄された例もあった。もし、農民の側に立つ戸※長がいれば罷免され、総代は罰せられた。これを圧政と呼ばず、何を圧政と呼ぶのだろうか。

また、地価に応じて、豊作であろうが凶作であろうが同じ額の税金を納めなければならなくなったことも、農民の生活を逼迫させた。生産物の価格が下がった場合、大量に売らなければ、税金が払えなくなる。やむをえず土地を手放し、小作人へと転落する農民が後を絶たなかった。

そのため、地租改正に反対する一揆が各地で勃発することになった。なかでも、茨城県真壁《まかべ》郡での真壁騒動※や、三重・愛知・岐阜・酒井での伊勢暴動※は大規模なもので、伊勢暴

※戸長　こちょう
もとは戸籍事務のために設けられた役職。江戸時代の庄屋や名主など、有力農民が就くことが多かった。地域の実状を把握し、民衆とのつながりも深かったため、すぐに政府や地方官の命令を領民に伝える役割も担うようになった。その後、公選、官選と選出方法が変わったのち、町村制が導入されたことで、１８８８年に廃止された。

動では5万人もの処罰者が出ている。

こうした騒動を受けて、1877年1月、明治政府は地租の税率を3%から2・5%に軽減。その対応が「竹槍でドンとつき出す二分五厘」と揶揄されるなど、当時から政府に向けられる目は厳しかった。

戦費で財政難に陥っていた

地租改正は「ようやく生活が楽になるのではないか」という庶民の期待を踏みにじるかたちとなった。それでも、明治政府が地租改正に踏み切った背景には、深刻な財政難があった。

明治元年から地租改正に至るまでの7年半における財政統計[※]を見てみると、安定的に納められる「通常歳入」は、年貢が8割以上を占めている。つまり、年貢を安定的にとることが、国費を安定させる唯一の手段だったのである。

それでいて、歳入全体のなかでは、年貢は6割にも満たない。では、残りは何かというと、不換紙幣の発行や、商人からの借入や外積などの「例外歳入」に依存していた。財政状態は極めて不安定だったといえるだろう。

それでも、地租が増加していればまだ見通しもつくが、廃藩置県以後は年々、減少しており、このままいけば、財政がさらに悪化することは間違いなかった。

※真壁騒動
1876年、茨城県では、前年の米価を基準にして地租を決め、6割を年内、残りを翌年2月に払わせようとしていた。しかし、1876年は前年よりも米価が大きく下落。これでは負担が大きいと、農民は値下げを何度も要求したが、聞き入れられなかったために蜂起した。

※伊勢暴動
真壁騒動と同じく、米価下落にあえぐ伊勢地方の農民が起こした一揆。この年、伊勢地方は大雨で不作となり、政府の方針では負担が大きかった。暴動は激化し、士族や鎮台が動員されるほどだった。

※7年半における財政統計
『明治前期財政経済史料集成』による。

明治初期の鉄道。軍隊動員、物資輸送の効率化のために、鉄道事業には莫大な費用が投入された。

かき集めた年貢は、どのようなことに使われていたのか。

歳出を見てみると、一般行政費は、定期的に歳出する「通常歳出」のわずか12％に過ぎない。

もっとも多いのは、華族や士族に与えられた家禄や、維新功労者に対して付与された賞典などである。これが実に38％を占めた。

次に多いのが、20％を占める陸海軍費であり、一般行政費を上回っている。

臨時的な「例外歳出」を見ても、戊辰役・佐賀の役※・征台の役※の戦費が11％を占めるほか、23％を占める鉄道・電信・灯台も軍事施設での使用が主だった。つまり、軍事力の増強のために、多くの税金が投入されていたのである。これでは、国費がいくらあっても足りないはずだ。

すでに書いたとおり、地租改正を実施した第一の目的は、不安定な国費を安定させることだったが、

※佐賀の役
元司法卿・江藤新平が中心になって不平士族が起こした反乱。168～176ページも参照。

※征台の役
1874年に政府が台湾に軍隊を派遣した事件。台湾で琉球漂流民が殺害された事件の捜査などを目的に西郷従道率いる軍艦が台湾へ遠征した。82～83ページも参照。

安定させるだけではなく、増やさなければならなかった。そのため、このような目標が掲げられたのである。

「まず旧来の歳入を減らさないことを目的とし、税金を割り当てる」

税金の負担を軽くするとアピールしてきた明治政府としては、地租改正は大きな矛盾を抱えていたことになるが、そこは「上下均一、貧富公平を旨とす」として、体裁をとりつくろった。つまり、税金が重すぎる者は減らし、税金が軽すぎる者は増やして公平化を図り、その結果、歳入は減らさないようにするということだ。

しかし、これはかなりの難題だったといえるだろう。事実、地租改正によって、これまで税金が重すぎた者は、さらに重い課税がなされることになった。

建前と現実にかなりギャップのあった地租改正。期待外れの改革に、庶民たちの深いため息が聞こえてきそうだ。

※鉄道

鉄道は輸送の効率化や軍隊の動員に欠かせない設備で、政府は導入を急いでいた。そのため、1872年には新橋・横浜間で鉄道が開通し、開通式が実施されている。なお、開業時の運賃は、上等1円12銭5厘、中等75銭、下等37銭5厘だった。当時は米1升が5銭程度だったから、鉄道は庶民には手の届かない乗り物だった。

9 徴兵制は貧苦な民衆がターゲットだった

身分制度をなくした本当のワケ

明治政府は、江戸時代の身分制度※を解消させて、開明的な政策をとった――。そんなふうに考えられがちである。

確かに、明治時代になっても、なお、公家と大名を「華族」、武士を「士族」、百姓と町人を「平民」とする区分はあったが、平民には苗字が認められ、職業選択や結婚における制約も徐々になくなっていった。版籍奉還に先立ち、木戸孝允が中心となって実施した身分制度改革は、それなりに達成されたといえるだろう。

だが、民衆のことを第一に考えて、明治政府が身分制度の解消を行ったと考えるのは、大きな誤解だ。

目的は、あくまでも「富国強兵」※。納税や兵役をすべての国民に課すために、封建的な

※江戸時代の身分制度
江戸時代の「士農工商」については、武士は支配層として上位になるものの、他の身分間では上下関係がなかったことが現在では通説となっている。そのため、2000年代半ば以降、「士農工商」の記述は教科書からなくなっている。

1874年、最初の徴兵検査を受けた男性たち

身分制度を一応は否定して、国民全体に負担を分かち合ってもらう必要があった。

明治5（1872）年11月、太政官から、次のような徴兵告諭が出された。

「上下を平均し、人権を斉一にする道にして、すなわち兵農を合一にする基なり」

上下の身分をなくして、武士と農民を一つにする——。明確な身分制度の否定である。しかし、この前の文を読めば、真意が浮き彫りになってくる。

「後世の双刀を帯び武士と称し、抗顔《こうがん》坐《ざ》食《しょく》し、甚だしきに至っては人を殺し、官その罪を問わざる者なり」

「抗顔坐食」とは「傍若無人にふるまって、働きもせずに食べている」ということ。そのうえ、人も殺すことがあると、武士に対する痛烈な批判がなされているのである。そのうえで「上下を平均」「兵農を合一」すると言っているのだから、武士から特権を奪うことが、徴兵制の大きな目的の一つだったことが分かる。

これに対して、武士が反発したのは言うまでも

※富国強兵
明治政府が富国強兵を強力におしすすめたことは有名だが、その必要性は幕末期から幕府・雄藩問わず説かれていた。開国反対派も国力の強化には賛成していたため、明治政府の専売特許というわけではない。

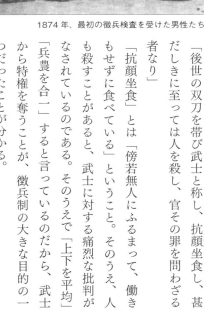

1880年代の山県有朋

ない。最も強硬に反対したのが、薩摩の桐野《きりの》利《とし》秋《あき》少将だ。この徴兵告諭が出されると知って、桐野は、軍備を任された山県有朋兵部大輔を、次のように痛烈に批判している。

山縣は土百姓を集めて人形を作る、はたしてなんの益あらんや

百姓なんぞを集めてまともな軍隊などできるのか――。

実は、西郷隆盛も同じ考えだった。ところが、西郷は桐野のように表立って反対はしなかった。その理由はよく分かっていないが、山県だけではなく、自身の弟である西郷従道※兵部少輔も徴兵制を推進していたことと、無関係ではないだろう。

桐野以外からも反対論は上がったが、山県は粘り強く説得。西郷が反対に回らなかったことにも助けられて、先の徴兵告諭の発布にこぎつけた。

山県にとって、徴兵制は何としてでも進めなければならない政策の一つだった。なにしろ、明治政府は前述したように、財政難に陥っていた。もし、従来のように、特権を認めたままで武士を中心に軍隊を構成したならば、それだけの手当てが必要になってくる。そ

※**西郷従道**　さいごうつぐみち（1843〜1902）
西郷隆盛の15歳年下の弟。島津家の茶坊主だったが還俗し、隆盛のもとで成長。戊辰戦争を転戦した後、1869年に山県有朋とともに渡欧して、兵制を調査。征韓論争に敗れた兄が政府を去り、多くの薩摩藩士が追随するなかで、政府に残ることを決めた。その

こで、封建制を否定したうえで国民全体の義務としてしまえば、手当は少額で済み、かつ、広く兵を募ることができると考えたのである。

ことさら身分制度の解消を謳った裏には、「安く軍隊を作るために、身分制度をなくして、すべての国民の協力を得る」という目的があった。

徴兵を免除された「特権階級」とは

しかし、「上下を平均」「兵農を合一」して、平等に国民に課せられるはずの兵役だが、一方で、政府側にはもう一つの思惑があった。それは「自分たちは徴兵されたくない」という思いである。

徴兵制では、次の者たちは、兵役が免除されている。

①中央・地方の官吏
②官・公立専門学校生徒
③洋学修業中の者
④医術・馬医術を学ぶ者
⑤代人料270円を納める者※

後は陸海軍・政府の要職を歴任。西南戦争で兄が自刃した後も、明治政府内の重鎮として君臨した。初の海軍元帥でもある。

※代人料270円
この規定から、金持ちは兵役を免れていたと思われがちだが、1876年の徴兵対象者約30万人のうち、代人料を納めたのは14人だけだった。

兵役免除の対象者（徴兵令公布当初）

①身長5尺1寸（約154.5cm）未満の者	⑦家の跡取り
②病弱で兵役に耐えられない者	⑧一人っ子、一人孫
③官庁や府県に勤めている者	⑨父兄に代わって家を治める者
④陸海軍生徒で兵学寮にある者	⑩養子に出ている者
⑤官立学校の学生・留学生、医療・馬医術を学ぶ学生	⑪兄弟が兵役についている者
⑥一家の主人	⑫代人料270円を納めた者

要するに、支配階級、もしくは支配階級になる見込みがある者、そして、有産階級は兵役が免除されるということだ。従来の身分制度を超えた徴兵を謳っておきながら、その実は、被支配階級、無産階級を広く徴兵するということにほかならなかった。

当然、ターゲットとなった民衆は、徴兵制に強く反対した。太政官布告にあった「西人之を称して血税という。その生血を以て国に報ずるの謂なり」という「血税」の文言を、「生き血をとられる」「娘や女房をとられる」と誤解して起きた騒動とも合わさって、明治5〜6年にかけて※徴兵反対一揆が各地で勃発。その鎮圧のために、警察に加えて臨時に士族隊が招集されたというから、ゴタゴタもいいところである。

封建制からの脱却どころか……

徴兵を免除された者は、ほかにもいる。

対象となったのは、「戸主」「※嗣子ならびに承祖の孫」「※独子独孫」「父兄に代わって家を

※徴兵反対一揆
代表的なのが、現在の岡山県で1873年5月26日に起きた北条県での血税一揆。一揆勢は、人民の生血を絞りとる白衣の男が現れるとして竹槍を持ち出し、有力者の家や小学校、被差別部落などを攻撃した。建物が155軒破壊された他、277軒が焼き討ちにあい、政府の布達を伝える掲示板も51箇所が破壊された。処罰の対象となった者は、約2万6000人にものぼった。

治む る者」「養子」「徴兵在役中の者の兄弟」だ。

つまり、家ごとにしっかり地租を負担してもらうために、戸主など一家を支える者の兵役を免除したのである。封建的な父長制を何としてでも維持したい、という明治政府の思いはそれほど強かったということだ。

なお、家長制を徹底した結果は、１８９０（明治23）年に公布された旧民法に凝縮されている。家長には、次のような驚くべき権限が与えられていた。

「戸主の同意なしには家族は居所を決められない」

「戸主の同意なしには家族は結婚も離婚もできない」

「戸主は家族の結婚を取り消す権利を持つ」

戸主であれば、家族の結婚も住所も思いのままにできたのだから、家庭で親父に威厳があったのは当たり前である。

支配者層と被支配者層の関係、戸主とそのほかの家族の異様な服従関係……。徴兵制に表れていた封建的な観念は、脱却されるどころか、日本社会に浸透していくことになるのである。

※**嗣子ならびに承祖の孫**　家の跡取りとなる息子と孫のこと。

※**独子独孫**　どくしどくそん　一人っ子と一人孫のこと。

10 教育改革の土台は江戸時代の寺子屋制度

寺子屋を改造して小学校を

明治維新では、教育改革も行われた。大学・中学・小学の3段階に分け、全国に学校を設置。すべての国民に教育の機会が与えられることとなった。

しかし、明治維新によって旧来の教育が打破されたと考えるのは、誤解である。むしろ、江戸時代に築かれた教育制度なくしては、明治以降の教育整備は成し遂げられなかった。

明治維新の教育改革によって、何が変わったのか。

1871（明治4）年に文部省※が設置されると、翌年には「学制《がくせい》」が発布された。これは、のちに「学事奨励に関する被仰出書《おおせいだされしょ》」と呼ばれる、日本最初の近代学校制度に関する基本法令である。

学制では、次のような理念が掲げられた。

※**文部省**
幕府の学問所であった昌平坂学問所の跡地に設置され、近代的な教育制度の導入に努めた。初代文部卿は、佐賀藩出身の大木喬任（お

①教育は、将来の立身出世を約束する有効な手段である
②教育は、すべての国民に開かれたもので、全員が教育を受ける
③基礎学力の習得を基本に、実学的な近代科学を重視する
④子弟に対する親の就学義務と、受益者負担の原則

全国に学校を設置するために、学区制が敷かれた。具体的には、全国を８大学区に分けて、各大学区に大学を1校置いた。のちに7大学区となり、東京・愛知・大阪・広島・長崎・新潟・宮城に大学が置かれることになった。さらに、各大学区を32中学区に分け、各中学区に中学校1校を設置。そのうえで、２１０の小学区に分け、各小学区に小学校１校を設置する。それが、明治政府が掲げた政策であった。

学校数でいうと、計２５６校の中学校と、５万３７６０校の小学校が設置されることになるが、いかんせん明治政府は財政状況が苦しかった。学制が発表された3年後の時点で、小学校が約2万４０００校であり、目標の半分程度にとどまった。

しかも、その大半が、江戸時代の「寺子屋」を引き継いだものである。

寺子屋は、有志が地域の児童に「読み」「書き」「そろばん」を教えるという慈善事業としてスタートし、月謝をとる私塾へと発展していった。先生が一人に対して、人数は数十人程度で、7~13歳くらいまでの子どもが多かったという。※地域の初等教育を支えたのが、

おきたかとう)。当初はフランスを規範に、教育を普及させようとした。

※地域の初等教育を支えた
なお、武士の教育を担ったのは藩校である。江戸時代は、武士の学問所として藩校が全国に作られた。幕末の時点で、藩の数が約３００で、藩校の数は約２３０だった。

寺子屋だった。

「日本教育史資料」では、寺子屋の総数は1万5500校とされているが、文献に記載されていない寺子屋も多く確認されている。実際には、全国に5万校以上の寺子屋があったともされている。

先に挙げた明治初期の2万4000校の大部分が、従来の寺子屋と藩校を改造したものだった。江戸時代の教育を打破するどころか、その基盤をフル活用して行われたのが、明治維新における教育改革だったのである。

庶民には重すぎた学費の負担

「人民一般必ス学ハスンハアルヘカラサルモノトス」

（人民一般、必ず学ばずんばあるべからざるものとす）

学制では、そんな言葉で、6歳以上のすべての男女が「教育ノ初級」である小学校教育を受けることが定められた。明確に「義務教育」の規定が現れるのは、1886（明治19）年に発布された小学校令※だが、事実上の義務教育は学制によってスタートしたことになる。

小学校が尋常小学・女児小学・村落小学・貧人小学・小学私塾・幼稚小学に区分されるなかで、小学校制度の本体を成したのが、尋常小学である。尋常小学は、6歳から9歳までの下等小学と、10歳から13歳までの上等小学の2科で構成され、すべての人が計8年間

※**小学校令**
森有礼が文部大臣だった頃、師範学校令、中学校令とともに施行された。尋常小学校の4年間が義務教育で、その上に高等小学校（4

の教育を受けることになった。

だが、この一大教育改革は、民衆からは歓迎されず、むしろ反発を生んだ。それはなぜか。学校の教科書で「学制は画一的だったから失敗した」と習った人もいるかもしれないが、民衆に浸透しなかったのには、もっと切実な理由がある。

小学生指導用に使われた図の復刻版（「小学指教図入門」国会図書館所蔵）

学制には、次のような条文があった。

「教育ノ設ハ人々自ラ其《その》身ヲ立ルノ基《もとづき》タルヲ以テ其費用ノ如《ごと》キ悉《ことごと》ク政府ノ正租《せいそ》ニ仰《あお》クヘカラサル論《ろん》ヲ待タス」

教育は自ら立つための基本であるため、その費用も政府の地租をあてにしてはいけない——。義務教育でありながらも、授業料、そして、学校の建設や維持費などは教育を受ける主体、つまり、国民の負担としたのである。

そうでなくても、当時は働く人のうち、5人に4人が農業に従事しており、貴重な働き手である子どもが学校に通えば、それだけで家計は苦しくなる。

年）を置いた。費用は生徒の授業料や寄付から捻出。貧しい者は区町村が費用を負担する小学簡易科（3年程度）へ通った。

学費の負担などもってのほかだった。

学制では、学校の授業料は月額50銭と定めたが、歴史学者の服部之総《はっとりしそう》は「明治三、四年といえば、五十銭で米一斗買えた」と書いている。現実的に払える額ではなく、実際は、学区内の集金と寄附金によって、なんとかやりくりしていた。集金は貧富に応じて、各戸に割り当てられたが、それが運営費全体の約43％も占めていた。結局、負担は地域住民へと課せられたのである。

そのほか寄付金が19％を占めたが、その一方で、文部省補助金は12％、授業料収入は約6％だった。あまりにも補助金が少なく、それを授業料でなんとかしようというのは、絵に描いた餅。実現できるはずもない、机上の空論に過ぎなかった。

当然、不満は高まり、学制反対一揆が起きるほどだった。なかでも最大と言われているのが、福岡県で起きた「筑前竹槍一揆」※である。一揆勢は学制の廃止だけではなく、年貢3カ年免除、旧藩の復活、徴兵・地券の廃止も要求し、焼き討ちなどを行った。

その被害は甚大なもので、４５９０軒の家屋が焼失もしくは毀損《きそん》し、死傷者は70人にものぼったという。多くの小学校が焼き討ちの対象となり、筑前には６３０の小学区があったにもかかわらず、無事に存続できたのは27校のみだった。

財政難となれば、自分の身を切るのではなく、負担をすべて国民に押し付ける。なんとも明治政府らしいやり方だが、割を食うのは、いつも庶民たちだった。

※筑前竹槍一揆
この一揆が起きた１８７３年、九州では田植えの時期に雨が降らず、田んぼ用の水が不足していた。東部の高倉村では7日にわたって雨乞いが行われていたが、そこで「目取り」を目撃する。目取りとは、旗やのろしを使って米相場の高低を山から山へ伝達し、儲けようとすること。生活に困窮する農民たちはこれに激怒して目取りを襲うと、火がついたように暴動は広がっていった。

11
沖縄の近代化を遅らせたリンチ事件

強引に琉球国を沖縄県にした

明治維新による大改革の一つ、廃藩置県。その裏に薩摩藩の軍事力があったことは、すでに書いた通りである。これまで独立していた藩が県に置き換えられて、中央集権化が進められた。

廃藩置県について、すべてがスムーズにいったと誤解されがちだが、大きな問題を残していた。それは、沖縄地方にある琉球王国である。

琉球王国は、15～16世紀に形成され、中国と日本の交易によって繁栄。中国に臣下の礼をとり、皇帝から王として認めてもらう※「朝貢・冊封関係」のなかにいた。その関係は明《みん》のときに始まり、清《しん》の時代になっても続けられた。

一方で、江戸の初め、琉球王国は薩摩藩に武力侵略され、日本の幕藩体制にも組み込ま

※朝貢・冊封関係
「冊」は文書のこと。中国王朝は、臣下の礼をとった国に冊＝文書を授けてその君主となり、定期的に朝貢させることとなった。臣下の礼さえとれば、中国文化の文物や生糸などを輸入することができたため、日本でも室町時代に足利義満が明と冊封関係を結んでいた。

琉球藩王・尚泰

れている。清への朝貢も続けたため、琉球王国は、薩摩藩と清の両方に属することになった。

では、廃藩置県後はどうなったのだろうか。本来ならば、琉球王国も県となり、明治政府の管轄となるはずである。ところが、琉球王国は琉球藩として鹿児島県の管轄となり、その一方で、王国として中国との関係も続いた。明治政府としても、どうすればよいのかが分からず、現状維持という姿勢をとったのであろう。

だが、いつまでも棚上げしておくわけにはいかない。中国と琉球藩の「朝貢・冊封関係」を解体させて国家領域に組み込むには、どうするべきか。頭を悩ませていたときに、ある事件が起きる。１８７１（明治４）年、琉球の宮古島の住民66人が台湾に漂着すると、そのうち54人が現地住民に殺害されてしまったのである。

報復措置として、明治政府が１８７４（明治７）年に台湾出兵を行うと、清朝はそれに抗議。※日清間で話し合いが行われることとなった。その結果、台湾出兵は両国の間で正当化され、清からは、琉球の日本帰属を認めるような発言も出たという。明治政府にとっては、またとないチャンスである。

※日清間で話し合い
日本側の代表は大久保利通で、清国側は李鴻章。日清間で武力衝突の可能性が高まっていたため、両国とも、国を代表する実力者を派遣して解決を目指した。交渉は難航したが、通商に支障をきたすことを懸念したイギリスが仲介。最終的に、清国は日本の出兵を「義挙」だと認め、賠償金50万両（約78万円）を支払ったことで、日本は撤兵した。

これを受けて、明治政府は琉球併合に乗り出していく。1875（明治8）年、松田道之※が琉球に赴き、政府の処分方針を突き付けた。政府は彼を「琉球処分官」に任じて、清国との関係を廃止させようと働きかけたのだ。それだけではない。明治年号を使用することや、藩政の改革や鎮台分営の設置など、他の県と同様の改革を、推し進めようとしたのである。

台湾出兵時に日本の旗艦となった龍驤（りゅうじょう）

だが、琉球藩は清国の関係を重視して、政府の要求を拒否。松田が厳格な処分をちらつかせると、琉球は清に援助を要請し、明治政府との対立を強めた。松田は二度、琉球に渡ったが、いずれも要求は拒否されている。

そこで1879（明治12）年、松田は強硬手段に出た。約160人の警察官に、約400名の軍隊を加えて首里城に入り、明け渡しを実現したのだ。

結果、琉球王の尚泰※は華族として東京居住を命じられる。そして3月11日、廃藩置県の令達によって、琉球藩は廃され、沖縄県が置かれることになった。

明治維新の大きな改革の一つである「廃藩置県」

※松田道之 まつだみちゆき（1839～1882）
鳥取藩出身。幕末は尊王攘夷運動に参加し、維新後は京都府大参事、大津県令、滋賀県令などを務めた。そのち、内務省に勤め、琉球処分官となる。その後は東京府知事となり、都市の近代化に従事した。

※尚泰 しょうたい（1841～1901）
1848年、父の跡をついで4歳で王位につく。廃藩置県後は琉球を離れ、東京に居住。病死すると亡骸は琉球に運ばれ、葬儀がとり行われたのち、王家の墓に眠った。

は、こうした強引なやり方で、なんとか完成したのである。

悲惨な「サンシー事件」

しかし、明治政府のそんな横暴なやり方に、反発の声が上がらないはずがない。旧藩王時代の役人たちは、藩王をなんとか守ろうと、団結を強めていく。その動きは、按司※家、親方※家、殿内※から士族、下役人の間を中心に広がった。

士族たちは学校に集まって各村の幹部4名ずつを選び、処分官の松田による命令を拒絶するための対応策を練った。

彼らの方針は明確で、明治政府には従わず、清国の援助を待つ、というものだった。各人が、次のような誓約書に署名捺印し、その団結を確かめあった。

「もし万一、日本の命令を奉じ、日本政府より官禄を受けるものは、首を刎ねて許してはならない。もし、官権の害に遭い死するものは、共有金を以て撫恤《ぶじゅつ》救済する」

日本政府の命令を聞いたならば、首を刎ねる――。この恐ろしい誓約書は、閉鎖的な社会のなかでは、一層効果を発揮した。実際に、政府から宮古島に石川警部ら10人あまりが派遣され、「諸役人も現職のまま、出勤するように」と伝えたが、誰一人出勤しなかったという。1890（明治23）年4月には、政府への非協力血判署名が、在番、蔵元幹部から下位の役人へと広まるなど、明治政府への反発は強まるばかりだった。

※**按司**　あじ
琉球王国の最高官位。かつては有力豪族として各地に割拠していたが、琉球王国成立後は首里に集住した。次第に王族身分を表すようになり、按司家は王の分家を意味するようになった。

※**親方**　うぇーかた
琉球王国の最高称号。世襲ではなく、功績を残した士族が賜った。

※**殿内**　とぅんち
領地を管理する親方家を指す尊称。もとは親方の邸宅を意味する言葉だった。

そんななか、下級士族であった下地仁屋利社《しもじみーやりしゃ》が、宮古警視派出所に小使として就職して、問題視されることとなる。彼は半ば脅迫されて血判状に署名したが、家族を扶養するため、就職の道を選んだ。それが近所の者に密告されて明るみに出ると、地域の住民が大きな不満を持ったのだ。

どのように処分するべきか。話し合われている間にも「利社を死罪にすべき」という空気が蔓延していく。あるとき、本人が側にいるとも知らずに「やがて、彼は捕まえられてひどい目に遭わされる」と陰口を叩いた婦人がいた。利社は怒りのあまり、婦人の頭髪をつかんで、派出所まで引っ張ってしまう。

しかし、この行動でさらに周囲の反感を買ってしまった。利社がいる派出所の前には、500〜600人もの群衆が集まり、派出所には次々と石が投げつけられた。やがて群集は、利社を引きずり出して誘拐。利社は頭髪と両手を縛りあげられ、大人数から暴行を受けて撲殺された。

このあまりに悲惨なリンチ事件は、利社の別名が「サンシー」※だったことから、「サンシー事件」と呼ばれている。ナンシー事件の資料は、驚くほど少ない。明治政府としても隠しておきたい事件だったに違いない。

このような騒動を受けて、明治政府は沖縄県への締めつけを緩めていく。とりわけ県民を支配する層に対しては、配慮を見せるようになった。そのうちの一つが「人頭税《じんとうぜい》」の続

※サンシー
新政府に賛成したこと、琉球・清国・大和の三姓をもっている、という意味で、下地はサンシーと呼ばれていたようだ。

行である。

人頭税とは、年齢・性別・居住地域・耕地などの状況から、税金を割り出すというもの。これは、利益が出ようが出まいが、一定の税額が課せられるというもので、庶民を非常に苦しめた。なぜならば、人頭税では、どんな大きな災害に遭おうが、病気で伏せようが、一定の税額が課せられてしまうからだ。

人頭税の廃止は、当然検討されるべきことだったが、政府はこれを容認。庶民の苦しみを解消することよりも、支配層にあたる王族や士族の機嫌を取ることを優先した。現物納入などの租税制度も続行され、明治政府のこの方針は「旧慣温存政策」と呼ばれた。

この旧慣温存政策は、１９０３（明治36）年まで続けられた。その結果、沖縄県の近代化は大きく後退することになるが[※]、明治政府にとっては、とりあえず眼前の課題をクリアすることが最優先だったのだろう。

「いきあたりばったり」で改革を行い、庶民の生活を逼迫《ひっぱく》させる。それが、明治維新とてはやされる大改革の実態だった。

※沖縄県の近代化は大きく後退する
例えば、本土で１８８９年に制定された衆議院議員選挙法が沖縄で施行されたのは、20年以上経った１９１２年だった。

第三章

かたちばかりの欧化政策

12 季節が急に変わった！明治改暦の真相

太陰太陽暦から太陽暦へ

明治維新ののち、政府主導による「文明開化」政策のもと、急激に西洋化が行われた。「ちょんまげ」※を禁止した断髪令や、公式行事の洋装化などがよく例に挙げられるが、私たちの生活をさらに根底から変える改革がなされていたことも、忘れてはならない。

それは「改暦」である。これもまた、ほかの政策と同様に、欧米に追い付き追い越すための富国強兵の一環だったというのが通説である。

事実、これまで使っていた日本暦と西洋暦には、大きなズレがあった。福澤諭吉など改暦を後押しする知識人もいたくらいである。

だが、実は、明治政府によって改暦が推し進められたのには、ほかの深刻な事情があった。ただ単に、富国強兵の一環として改暦が行われたというのは、大きな誤解なのである。

※「ちょんまげ」を禁止　詳しくは、14項「ちょんまげ禁止と洋服着用のドタバタ」（100～106ページ）を参照。

1872（明治5）年11月、明治政府は太陽暦への改暦を発表した。その翌年から、これまで用いてきた太陰太陽暦に替わって、現在使われている太陽暦が採用されることとなる。

太陰太陽暦とは、その名のとおり「太陰暦※＋太陽暦」の暦のことだ。

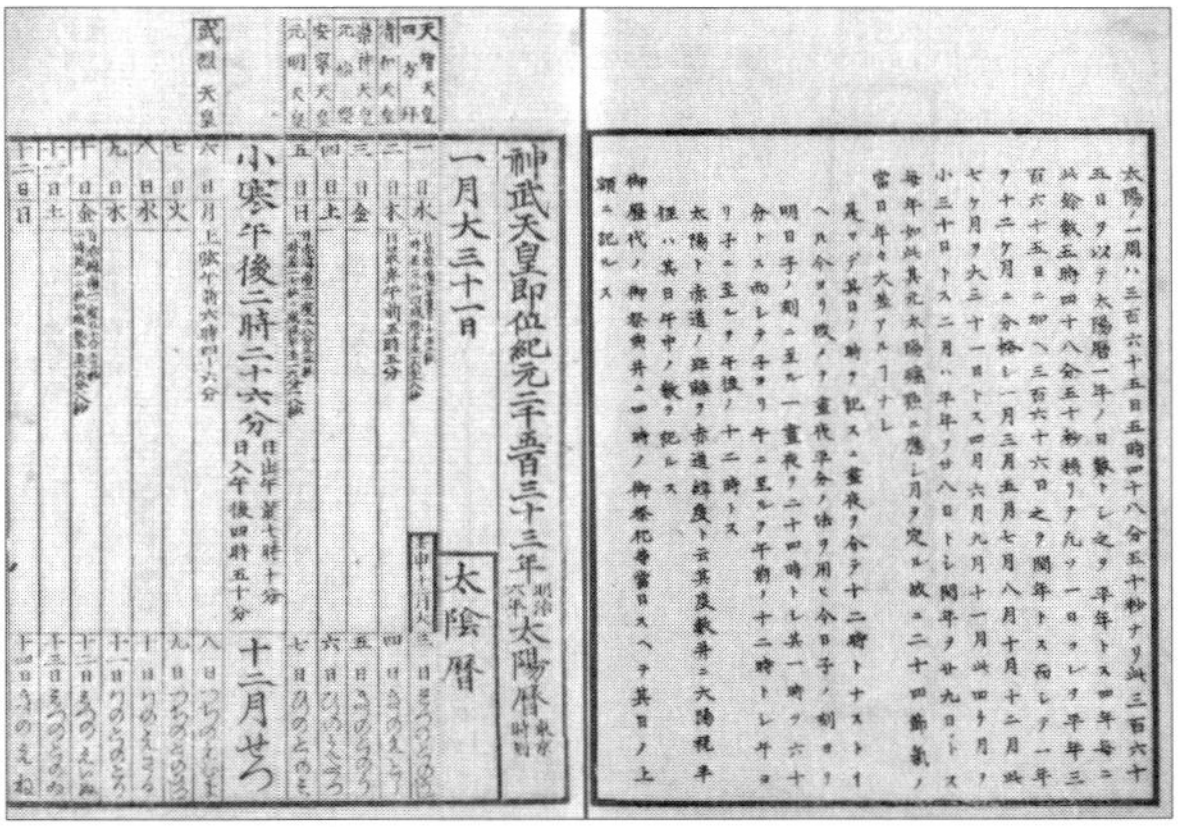

改暦後はじめて発表された太陽暦（1873年）（「太陽暦」国会図書館所蔵）

それでは太陰暦とは何かといえば、「月が新月※になる日」を月の始まりと考える暦のことである。いわゆる「旧暦」と呼ばれているものだ。

新月から次の新月までを1月とすると、その間隔は平均して29・5日※となる。1年で考えると約354日だ。一方の太陽暦は、季節の流れに忠実な暦で、1年は約365日となる。つまり、太陰暦を使っていると、年々11日ずつ季節がズレることになるわけだ。

そこで太陰太陽暦では、ずれが1カ月分になると「閏月《うるうづき》」をいれて修正していたのである。

しかしそうすると、実に2～3年に1回、閏月が入ってくることになる。これには江戸時代の知識人もややこしいと思っていたようだ。

※太陰暦
太陰は「月」を意味する。つまり、太陰太陽暦は月と太陽をベースにした暦ということになる。

※新月
月が太陽と重なって暗く見える状態。月は光の当たらない面を地球に向けているため、光は見えない。

※平均して29・5日
1月は29日か30日となるため、平均は29・5日。

江戸時代中期の経世家※である本多利明《ほんだとしあきら》は、著作の『西域物語《せいいきものがたり》』で、「来年の新頒暦※の出《いで》ざる内は、来月の閏月あるやらないやら、月々の大小大晦日※は大か小か、只《ただ》真闇になりて新頒暦の出るを待て、来年のことを計るとは余りに無分別なるに非ずや」と書いている。

来年の暦が発表されるまで、来月に閏月があるかどうかもわからない。それはあまりに分別がないことだ、と批判しているのだ。西洋の太陽暦を知っている知識人ならば、太陽太陰暦を不便に思うのも、無理はないだろう。

暦が変えられた真相

だが、明治政府が太陽暦に思い切って切り替えたのは、そんな不便さを解消しようとしたわけでもなければ、欧米を見習ったわけでもなかった。もちろん、そうした事情も加味しただろうが、改暦した一番の理由は別にあった。当時、参議※だった大隈重信はこう書いている（現代語訳は筆者）。

「明治維新の後は、『月棒』もしくは『月給』と称して、月ごとに官吏の給与を計算して支出することになった。しかし、太陰太陽暦では太陽の躔度《てんど》に合わせるために、2～3年ごとに必ず1回、閏月を置かざるを得ない」

明治維新後、それまで年棒制だった官僚の給与が月給制になった。そして、太陰太陽暦では2～3年ごとに必ず1回、閏月を置かなければならない。だからどうした、と思う人

※経世家 けいせいか
江戸時代の政治・経済論者。儒教思想に基づき、社会問題の解決策を考えた。

※新頒暦 しんはんれき
新しい暦のこと。「頒暦」は「暦を配る」という意味でも使われる。

※月々の大小大晦日
晦日は月末のこと。大晦日は1年の最後の日、小晦日は大晦日の前日。暦がなければ、月の終わりが30日なのか29日なのかわからないし、大晦日が30日か29日かもわからないから困る、というわけだ。

※参議 さんぎ
行政機関の一員。太政大臣や左右大臣のほうが地位は上だが、政治的実力者が就任して政府の実権を握っていた。木戸や大久保、西郷

もいることだろう。だが、このことが大隈、いや、明治政府にとっては大問題だった。理由はこうである。

「閏月の年は13カ月となるため、その1年だけは、棒給やそのほかの支出がほかの年よりも、12分の1増加せざるを得ない」

閏月のある年は、ほかの年より1カ月多いため、官僚への給与などがその分、増えると、そういうわけである。閏年にそなえて、あらかじめ準備しようにも、財政状態を考えると難しかった。そのため、大隈はこう言い切っている。

「この閏月を除いて財政の困難を救うには、断然、暦の制度を変えるしかない」

なんとも情けない理由だが、当時、財政の最終責任を担っていた大隈にとっては重要なことで、それだけ明治政府は困窮していた。暦の変更という、生活を揺るがす大改革も、その真相は財政対策の一環に過ぎなかったのである。

改暦もまた、学制や徴兵制と同じく、庶民の大きな反発を生んだ。鳥取県や福岡県で起きた暴動では、明治政府へのさまざまな要求が声高に叫ばれたが、そのうちの一つが、「新暦を廃すること」だった。

不便な面があったにせよ、太陰太陽暦は人々の生活に根づいていたのだから、早急な改暦に戸惑うのは当然だろう。

また、国が作った官製の暦は、方角の吉兆など迷信的な要素が取り除かれたために、人

などとも参議を経験している。1885年、内閣制度の発足にともない、廃止された。

気がなかった。その一方で、従来の迷信的な記述も含めた民間による「偽暦」のほうが飛ぶように売れ、官憲は慌てて取り締まりを行っている。

このように、やることなすことで支持を得られなかったのが、明治政府の改革だった。

定着しなかった「皇紀」

明治政府による改暦は、これだけではなかった。

太陽暦への転換が発表された6日後、「神武天皇即位紀元」、つまり「皇紀《こうき》」が制定されたのである。これは、西暦がキリスト教の誕生の年を元年としているように、日本では、神武天皇の即位をもって紀元としよう、というものであった。

しかし、その制定よりも前の慶応4年、翌年から「明治」と改元するという、一世一元《いっせいいちげん》の制が定められている。ペリー来航以降、幕末までの15年の間に「嘉永《かえい》」「安政《あんせい》」「万延《まんえん》」「文久《ぶんきゅう》」「元治《げんじ》」「慶応」と6回も改元※されたことを踏まえての改革である。また、天皇の治世を国民に強く意識させるにも、一世一元は望ましかったことから、慶応4年の9月8日に、「明治」と改元されている。

にもかかわらず、今度は「神武天皇の即位した年を紀元にしよう」と言い出したのだから、あまりにも場当たり的である。政府としても、明治の年号の代わりに「神武天皇即位紀元」を制定するのか、それとも両方を使うのかは曖昧だった。ルールを決めた政府の方

※**6回も改元された**
明治以前は、災害が起こったり社会不安が広がったりすると、改元することが多かった。

針が、そもそも不明確だったのである。

政府でさえこれなのだから、民間でも皇紀はずっと使われなかった。※太平洋戦争中の日本のイメージから、戦前の日本人にとって皇紀は馴染み深いもののように思われることが多いが、実はそれほど浸透しておらず、明治10年以降は、皇紀の記述もほとんど見られなくなったのである。

だが、実は今でも「神武天皇即位紀元」は廃止されておらず、これだけ定着している西暦のほうは、公式の紀年法として認めていない。法令によって、「神武天皇即位紀元」は閏年《うるうどし》の決定に使われることになっているからだ。具体的には、神武天皇即位紀元の年数が四で割り切れる年が、閏年となっている。ただ、これは西暦で閏年を算定するのと同じ方法であるため、変更したところでとくに問題は起こらないのではあるが。

ともあれ、成功例ばかりが語られる明治維新だが、その陰では、皇紀のように明らかに失敗に終わったものもあったのである。

※太平洋戦争中の日本のイメージ
太平洋戦争では、日本は占領したマレーシアやインドネシアで西暦を使うのを止めさせて、皇紀を使うように強要。そのときの名残で、ジャワ地方の一部では今でも呼称として「皇紀」が残っている。

13 酷評された鹿鳴館の舞踏会

5億円以上かけて造ったけれど

前述したとおり、尊王攘夷を掲げて倒幕しておきながら、明治新政府は攘夷をする気など、毛頭なかった（14～16ページ参照）。

それどころか「いかに欧米の仲間に入れてもらえるか」を絶えず念頭に置いて改革を行った、というのが、明治維新の実像である。そしてその先には、不平等条約の撤廃という悲願があった。

外務卿を務めた井上馨《かおる》は、在欧各国の公使に対して、条約改正の方針を各国に通知するように訓令を発した。しかし、そうすんなりといくはずもない。イギリスが最小限の修正に留めようと各国に根回しをしたことで、西欧勢に足並みをそろえられてしまった。

イギリスの態度が強硬だったのは、駐日大使パークス※の影響が大きかった。パークスは

※パークス
（1828～1885）
1865年に公使として来日。倒幕を目指す薩長を支援した。新政府の欧化政策を歓迎したが、戊辰戦争の際には中立の立場をとって

日本を非文明国とみなしており、その認識を改めさせなければ、対等の関係に持ち込むのは難しいということが、交渉の中で見えてきた。そこで、井上と彼を取り立てた初代内閣総理大臣の伊藤博文は、こう考えた。

日本の近代化をアピールするために造られた鹿鳴館

欧米人を招いても恥ずかしくない建物で、外国からの客人をもてなせば、日本も欧米に認めてもらえるのではないか――。

そこで、1883（明治16）年に建てられたのが、鹿鳴館《ろくめいかん》である。鹿鳴館は、現在の日比谷公園※に隣接するルネサンス様式の建物で、完成までに2年以上も要した。総工費は14万円あまりに上ったという。今の紙幣価値に置き換えれば、実に5億6000万円以上の税金がつぎ込まれたことになる。3室開け放つと100坪にもなる舞踏室には、バーやビリヤードといった設備まで作られた。

鹿鳴館は近代日本のシンボルとして打ち出され、この鹿鳴館を中心にした外交政策は「鹿鳴館外交」と呼ばれた。毎夜のように鹿鳴館で開かれる舞踏会

内乱に干渉しないようにし、条約改正交渉には難色を示すなど、新政府の味方というわけではなかった。

※日比谷公園
江戸時代は大名屋敷が並ぶ場所だったが、維新後は陸軍の練兵場となった。鹿鳴館が建てられた頃も練兵場として機能。その後は官庁街を立てる計画が進められようとしたが、地質調査によって建築はあわないことが分かったため、代わりに近代式の公園がつくられることとなった。

に出かけることが、一種のステイタスとなったのである。

鹿鳴館の舞踏会では、招いた欧米人たちに近代化した日本人の姿を見せようと、男性の多くは燕尾服をまとい、頭にはシルクハットをかぶっていた。なかには、燕尾服を買うために10年の月賦を組んだ者もいたというから、随分と背伸びしたものである。

役人たちは慣れない洋装を身にまとい、食べたこともないようなフランス料理に戸惑いながら、舌鼓を打った。だが、欧米人になりきっていると誤解しているのは、当事者たちだけ。外国人の目から見ると、それはかなり滑稽なものだったようだ。

目撃者の一人が、フランスの海軍士官で作家のピエール・ロチ※である。「江戸の舞踏会」で次のように書いている。


燕尾服というものは、すでにわれわれにとってもあんなに醜悪であるのに、何と彼らは奇妙な恰好にそれを着ていることだろう！　もちろん、彼らはこの種のものに適した背中を持ってはいないのである。どうしてそうなのかはいえないけれど、わたしには彼らがみな、いつも、何だか猿によく似ているように思える。


ひどい言われようである。

華族や政府高官、名士などは妻や娘を同伴し、一生懸命に慣れないダンスを踊ったが、

※ピエール・ロチ（1850～1923）
恋愛小説や紀行本を書いた小説家。1885年と1900年の2度にわたって来日。このときの体験をもとに「お菊さん」など、日本をテーマにした本を執筆している。しかし、日本は肌に合わなかったらしく、肯定的には書かれていない。

ロチは鋭くこう分析している。

「それは教え込まれたもので、少しも個性的な自発性がなく、ただ自動人形のように踊るだけだという感じがする」

欧米に追いつきたいという政府の強い思いは、海外での博覧会でも大いに発揮された。1910（明治43）年、「日英博覧会」※がロンドンで開幕。日本は、博覧会参加費用としてそれまでの最高額となる208万円をかけるという力の入れようだった。その甲斐もあって、博覧会は835万人もの来場者を集めて、大盛況のうちに終わった。

しかし、やはり日本人参加者のファッションは、鹿鳴館外交のときと同じく洗練されたものではなく、現地の新聞では次のように報道された。

政府の欧化政策に対する風刺画

「シルクハットの価値が日本人のために下落した」

江戸の文化を捨ててまで、欧米人に見習おうとしたが、悲しいかな、日本人の片思いに終わったようだ。

伊藤博文が起こした人妻とのスキャンダル

「ここは日本ではない。白人とわれわれが国境

※日英博覧会
日英の親善や貿易振興のために行われた催し。約5カ月にわたって開催された。日本は歴史や文化、芸術の紹介に力を入れ、国内の反対を押し切って国宝などを展示した。政府は成果を強調したが、主催は日本政府とイギリスの民間会社であって、イギリス政府との共催ではなかった。しかも、費用は日本側が負担していたため、国内からは非難の声があがった。

伊藤博文（左）と戸田極子（右）

を忘れて交わる場所なのだ」

　鹿鳴館の開館式では、そう胸を張った井上馨は、伊藤とともに、身体を張って鹿鳴館外交を盛り上げようとしていた。

　苦手なダンスこそ参加しなかったが、仮装舞踏会では、伊藤博文はヴェネチア貴族、井上馨は※三河万歳の格好に仮装して、大いにハッスルした。すべては、日本が欧米に認められるためだと思うと、なんとも涙ぐましい。

　しかし残念ながら、その努力の甲斐もなく、不平等条約の撤廃は思うように進まず、井上馨は外務大臣を辞任。鹿鳴館外交は、わずか4年で幕が下ろされてしまう。

　だが、伊藤にとっては、決して意味のないものではなかった。というのも、伊藤は、また全く別のモチベーションで鹿鳴館に通っていたのではないか、と思われるからだ。

※**三河万歳** みかわまんざい 正月、三河地方を根拠地に各地を回って歌い祈る芸能のこと。踊り手の太夫は、烏帽子を被って武士などが着ていた直垂（ひたたれ）を身にまとった。

それは、女遊びである。

伊藤はもともと、長州藩士の頃に高杉晋作に連れられて、遊郭で遊びまくったような女好きである。鹿鳴館のパーティのように女性が大勢集まる場所で、大人しくしているはずもない。

ことさら、スキャンダラスだったのが、※戸田氏共《うじたか》の夫人との関係である。当時社交界の花形といわれた美人な人妻に、伊藤は妻帯者でありながら、アプローチしていた。いわゆるダブル不倫である。

歴史家・田村栄太郎の『歴史の人物を抉《え》ぐる』では、こんな記事がすっぱ抜かれた。書かれているのは、伊藤の行動である。

「ある春の日の一夜、夫人と馬車を同じゅうして鹿鳴館を出た。行く先は巷説頻々、名花の燥朋を伝えた。また人のいない一室で歓談に夜をふかしたとか、夫人がはだしで逃げだしたとか、しかし、ことはついにかまびすしい噂のあいだに葬られた」

このスキャンダルが出たあとに、夫の戸田氏共が公使館参事官から一足飛びにオーストリア駐在全権大使として赴任が決まった。※何らかの政治的な配慮があったとみなすのが自然だろう。

結局、鹿鳴館外交では、不平等条約が改正されることもなく、ただ、無理がある欧化政策への不満と、伊藤のみっともないスキャンダルが残されただけだった。

※戸田氏共の夫人
戸田極子（きわこ）のこと。岩倉具視の三女で、若い頃から華道や茶道、英語やダンスなどを習っていた。数え年14歳のときに、美濃大垣藩の元藩主・氏共と結婚した。

※何らかの政治的な配慮
実際にには、記事にに誇張された部分もあったようだが、氏共の栄転が決まったことで、密通の疑いは強まったようだ。当時は民権派が政府を批判する材料を探していたため、伊藤の醜聞はかっこうのターゲットだった。

14 ちょんまげ禁止と洋服着用のドタバタ

女性には断髪を禁止した

「散切《ざんぎ》り頭《あたま》を叩いてみれば文明開化の音がする」

この有名なフレーズが象徴しているように、明治維新を契機に、日本人の生活や考え方は大きく変わった。そして、見た目も明らかに変化している。ちょんまげを切り、刀を捨て、着るものも和装から洋装へと移行した。

日本人のいでたちを大きく変えるきっかけとなったのが、「散髪脱刀令《さんぱつだっとうれい》」である。

1871（明治4）年8月9日、明治政府によって、次のような内容で発令された。

「散髪、制服、略服、脱刀トモ、勝手タルベキ事」

髪も服装も、刀を持たないことも、勝手にやればよい。つまり、髷を結わず散髪してよいし、※士族でも帯刀しなくてよい、ということになる。

※士族でも帯刀しなくてよい
もちろん、江戸時代に続いて、農民をはじめとした非

「散髪脱刀令」という響きから、強制的なものだったと誤解されやすいが、実際のところは「自分勝手にやればよい」というのが政府の発令だった。強制でないだけあって、その後、明治政府側の指導者や官僚たち、さらには天皇自身が洋装して散髪したものの、民衆に定着するまでには時間が必要であった。

文明開化によって様式化する銀座の街並み。髷を残す人も少なからずいる（「東京名所之内」「銀座通煉瓦造鉄道馬車往復図」都立中央図書館特別文庫室所蔵）

大阪府大参事の渡辺昇※が1872（明治5）年9月に「頭髪に関する論達」を交付して「頭部保護のために散髪せよ」と促した。それをきっかけに、散髪普及のための県令が出されて、徐々に浸透していくことになる。

だが、ちょんまげをただ切ればいいのか、ということで、おかしな髪形も続出。めちゃくちゃに散髪した者や、河童のような髪型をする者、逆に中央にだけ髪を生やす者などが出てきて、収拾がつかない状況に陥っていたようだ。現在の福島県にあたる地域では、「半髪者」には税金をかけるという案まで出たという。ほとんどコント劇のような展開である。

士族層は帯刀を禁じられたまま。1873年11月には、わざわざ平民が士族の真似をして帯刀しないようにという太政官布告まで出されている。

※**渡辺昇**　わたなべのぼる（1838～1913）肥前大村藩出身。剣術に秀で、江戸の三大道場の一つ練兵館の塾頭を務め、近藤勇とも親交をもった。坂本龍馬とともに薩長同盟の実現に向けて奔走したことでも知られる。

もう一つ、政府にとって誤算だったのが、男性にならって髪を切り出した女性たちがいたことだ。当時はまだ「女性の髪は長くあるべし」という風潮が強く、1872（明治5）年3月の『新聞雑誌※』には、次のような記事が掲載された。

「近頃、府下にて往々女子の断髪する者あり。固より我古俗にもあらず、また西洋文化の諸国にも未だ曽て見ざることにして、その醜態陋風《ろうふう》見るに忍びず」

随分と酷い書かれようだが、1872（明治5）年4月5日には、女子の断髪禁止令が東京府から出された。このことから、4月5日は「ヘアカットの日」に制定されている。

「髪を切ってもよい」と言ったり、「女性はやっぱり切るな」と言ったり、明治政府の相変わらずの手探りぶりが、ここでもやはり見て取れるのである。

神武天皇も洋服を着ていた？

「見た目」の改革が進められたのは、庶民に対してだけではない。いや、むしろ、明治政府の官僚たちにこそ急務であった。

なぜならば、明治政府には、裃《かみしも》姿の武士もいれば、衣冠《いかん》や狩衣《かりぎぬ》の公家もいる。公の場で、身分によって服装がバラバラというわけにはいかないだろう。「散髪脱刀令」以後は、官員たちも、散髪や脱刀が任意となり、同時に、机と椅子の使用や、靴を履いて出勤することが許されるようになった。しかし、それだけでは不十分であった。

※新聞雑誌
1871年5月に木戸が発行させた新聞。同じ長州藩出身の山県篤蔵に発行させた。目的は、政府の政策や海外情勢を国民に知らせ、文明開化を徹底させることだった。現在の「雑誌」という意味ではなく、ニュース以外の雑事も掲載している、という意味。月に数回刊行し、のちに隔日になるが、他の日刊新聞の台頭で衰退。何度か改題したのち、1874年末に廃刊した。

特に華族は洋装への抵抗感が強かったため、散髪脱刀令に続いて、同年9月には、「服制変革内勅」が示された。

そこでは「今衣冠ノ制中古唐制ニ模倣セシヨリ流テ軟弱ノ風ヲナス」として、これまで天皇が着用してきた冠※と束帯を否定。そして、筒袖・筒袴の洋服は、神武天皇の頃の服装に似ていることから、「神武天皇や神功皇后の頃のような服装に戻すべきだ」という論調で、服装の改革が唱えられている。

神武天皇に結び付けるのは、明らかに無理がある気がするが、なぜ、単純に「洋服とする」とせずに、このようなまどろっこしい論理を展開しているのか。それは、急速な服装の改革への反発を見越したものだった。日本史学者の刑部芳則氏は『洋服・散髪・脱刀服制の明治維新』で、次のように分析している。

「洋服を採用するとなれば、公家や諸侯だけでなく、全国の士族からも反対が出ることが予想される。したがって、洋服を採用するとは明記せず、論理的に「王政復古」の服制である古代官服を想定させながら、実質的には洋式制服になることを示していたのである」

では、そんな反発が予想されているにもかかわらず、このような見た目の改革に、明治政府はなぜこだわったのだろうか。その理由は二つある。

一つは50～55ページで解説した版籍奉還と同様、身分制度の解消のためである。江戸時代は、髪型も服装も身分で決められていた。そのため、洋服を定着させることで、外見か

※冠と束帯を否定
冠も束帯も、唐時代の服装を日本に合うように改良されたもの。奈良時代までは朝鮮半島からの影響を受けた服装だったが、それ以降の礼服には唐の時代の影響が濃くなり、身分や儀式に応じて衣服を使い分ける制度が定着した。

ら公家・諸侯・藩士・平民の区別ができないようにしようと、明治政府は図ったのである。
そして、もう一つが、94〜99ページで解説した「鹿鳴館外交」の目的と同様に、欧米諸国外国に、日本は未開国ではなく、文明国であることをアピールしなければならなかったためだ。尊王攘夷を掲げて倒幕したとはとても思えないほど、明治政府はとにかく欧米諸国の反応を気にしていた。欧米に認めてもらうためには、明らかに変化が分かる、髪型や服装の改革が不可欠だったのである。

出発の直前に洋服屋へ走った岩倉使節団

冒頭で紹介した「散切り頭を叩いてみれば文明開化の音がする」は、誰もが知っているフレーズだが、これは都都逸※の一部で、3作でセットになっている。

半髪《はんぱつ》頭をたたいてみれば　因循姑息の音がする
総髪《そうはつ》頭をたたいてみれば　王政復古の音がする
散切《ざんぎり》頭をたたいてみれば　文明開化の音がする

そう、こうして並べてみればよく分かるのだが、これは散切り頭のキャンペーンの一環として作られたものだと解釈するのが自然だろう。散髪推進派だった木戸孝允のアイディ

※**都都逸**　どどいつ　大衆音楽の一種。七七七五の26文字で、好きな節回しを歌う。座敷や寄席などで歌われるのが一般的。恋愛をテーマにしたものが多く、江戸時代から明治時代にかけて人気があった。

アで新聞に売り込まれたという説もあるが、どうもできすぎている気がする。

ただ、そんな説が流布されるほど、政府の中心人物※や官員は洋装を推進して自ら実践した。

不平等条約改正に向けた予備交渉として、岩倉使節団が欧米に派遣されることになったときも、大久保や木戸のほか、岩倉具視、伊藤博文らが服装について話し合っている。大久保と木戸らは、出発直前に西洋店へ洋服を買いに行ったし、岩倉使節団の書記官のなかには、出発直前に散髪を済ませ、モーニングコートを購入した者もいたという。

有名な岩倉使節団正使たちの集合写真

岩倉使節団といえば、上記の有名な写真を頭に浮かべる人も少なくないだろう。

一際目を引くのは、岩倉具視である。みなが洋装をするなか、岩倉だけが、髷を結い、羽織袴を着用して、なんだか浮いてしまっている。確かに、「服制変革内勅」は出たものの、まだ洋服を正式採用するとは明言されていない。保守的な岩倉は、履物については革靴に変えているものの、まだ従来の服装を守るべきだと考えていたようだ。

※政府の中心人物
特に、維新の三傑と呼ばれる大久保と木戸は率先して洋装を実施していた。

その岩倉もアメリカに着いてからは、晩餐会で洋式の小礼服を着用。シカゴに到着してからは、※散髪もしている。どうも側近たちに「和装のままでは外国人に軽蔑される」と忠告されて、信念を曲げたらしい。その側近には、伊藤も含まれていたのではないかとも言われている。通訳ができて、英語も読めた伊藤は、岩倉使節団で存在感を発揮していた。岩倉の服装を改める役を買って出たとしても不思議ではない。

ちなみに、岩倉が着用した小礼服は、サンフランシスコに到着したときに、使節団が宴会や夜会用にみなで購入したものである。そのときに革靴も購入したが、サイズが小さすぎて窮屈な思いをしたようだ。もう少し事前に足並みをそろえられなかったものなのだろうか……。

こうして、洋服や散髪が定着していくなかで、それに反発する武士は、次第に居心地が悪くなってきた。なにしろ、官員たちはみな洋装して、散髪しているわけだから、いまだに髷を結って和装を貫いている者は「官員になれなかった」ということをアピールしているようなものである。それでいて刀を持ち続けているのだから、危険な人物として白眼視されても仕方がない。

しかし、当の士族からすれば、こうプレッシャーばかりでは面白くないだろう。結果的に、明治政府による西欧化政策は、不平武士たちをますます追い詰め、不満を増幅させていったのである。

※散髪もしている
アメリカ留学中の息子・具定にも説得されて、左のような髪型に改めた。

15 欧化政策が生んだ悲劇！森有礼の暗殺事件

不平士族の激しい抵抗があった

明治維新ほど大きなパラダイムシフトがスムーズに行われた例は、世界に類がない――。しばしばそのような評価がなされる明治維新だが、実際はそうではなかった。古きよきものを捨て、急速に進められる近代化に対して、反発は各地で生まれていた。そして、その鬱屈した国民の思いによって、ある一人の男が暗殺されるまでに至ったのである。

「散髪、制服、略服、脱刀トモ、勝手タルベキ事」

1871（明治4）年8月9日、明治政府から「散髪脱刀令」が出されて、髪も服装も、刀を持たないことも自由にやればよい、とされた。政治家や官僚たちは率先して実践し、一般国民にも県令などを通じて、散髪を推奨する働きかけがなされたのは、すでに述べた※とおりである。

※すでに述べたとおり　前項「ちょんまげ禁止と洋服着用のドタバタ」（100〜106ページを参照）。

では、脱刀はどうだったのかといえば、同じように「散髪脱刀令」以後、様々な方策がなされていた。例えば、江戸期において、帯刀者は渡船の料金が無料のところが多かったが、東京府は1871（明治4）年9月から「帯刀者の無賃は不条理」として、特別扱いをなくし、無料乗船を禁じている。

しかし、随分とまどろっこしいことをしているようにも見える。髪型や服装とは異なり、刀は持つか持たないかであり、基準は明確だ。にもかかわらず、散髪を推奨したときのように論告が多く出されるわけでもなく、どこか及び腰だ。

いったいなぜか？　それは、士族の反感を恐れたからである。

実は、治安回復のために、すでに明治元年の時点でも、刀を持つことを禁止させようとする動きもあった。だが、大久保利通が「時期尚早」として見送りにして、明治4年にようやく「散髪脱刀令」に至った。

それも無理はない。薩摩藩にとって最後の当主となる島津忠義《ただよし》の父、島津久光《ひさみつ》も、散髪・脱刀に激しく反発。西郷と大久保への怒りを露にしていた。もともと廃藩置県にも久光は全く納得しておらず、断行された日は、別荘で鹿児島湾に打ち上げ花火をあげて、怒りを表現したくらいである。明治政府のやり方が、久光はどうにも気に食わなかった。

そんなとき、明治天皇が西国巡幸※の一環として、1872（明治5）年6月22日から7月2日まで鹿児島に滞在。そのタイミングで、久光は西郷を非難する「14カ条の意見書」

※西国巡幸
国民に天皇の存在をしらしめ、幕府に代わって天皇の世がきたことをアピールするために、明治天皇は地方を巡幸。西国巡幸は明治初期の六大巡幸のひとつに区分される。5月23日〜7月12日のスケジュールで、近畿、中部、九州を回った。

を奉呈している。

「散髪と脱刀は秩序を混乱させてしまう」というのが久光の考えであり、意見書では「美風良俗を破壊し、階級を打破し、西洋に心酔すること」など、明治政府の方針を痛烈に批判した。

黙殺できればよかったが、明治政府にとって何より恐ろしいのは、久光の意見に、明治政府に反発している不平士族たちが同調して、反対勢力が拡大することだった。そのため、右大臣の岩倉具視は、久光をいったんは要職につけて、政府側に取り込もうとしていたくらいである。

帯刀禁止令等の新政府の政策に反発する士族が各地で蜂起。山口県の萩でも不平士族による反乱が起きた（『新聞附録東錦絵』国会図書館所蔵）

結局、※久光は失脚し、1875（明治8）年に陸軍卿の山県有朋が、「廃刀建言書」を※三条実美に提出。それは、陸軍と海軍、警察官以外の国民から強制的に刀を取り上げるというもので、その翌年の明治9年には「帯刀禁止令」が公布された。

この「帯刀禁止令」を受けて、熊本市では170人の志士が決起。政府の欧化政策に反対し

※久光は失脚
久光は左大臣に就任すると、地租改正や徴兵制などに反対し、従来の制度に戻すよう主張。大久保が異議を唱えるならば免職し、採用されなければ辞職するとつきつけた。人事にも不満をもらし、三条らを脅したが、結局久光の要求は却下され、政府を去ることになった。

※三条実美
さんじょうさねとみ
（1837〜1891）
攘夷派公家の代表格。幕末は政変で一時都を離れるが、王政復古後に上京。家格が高かったため、新政府での地位は高かった。政治的手腕は岩倉や大久保に劣るものの、華族社会のまとめ役として重宝された。

て、熊本鎮台に攻め込んでいったが、古来の竹槍では勝てるわけもなく、明治政府軍に鎮圧されている。

「神風連《じんぷうれん》の乱」と呼ばれるこの反乱に呼応して、福岡県では「秋月の乱」※、山口県では「萩の乱」※が起きるなど、不平士族たちの怒りは増すばかりだった。そして、反乱は1877（明治10）年、西郷隆盛による「西南戦争」へとつながっていく。

「文明開化」というと聞こえがいいが、実際は西欧化をゴリ押しするためのスローガンに過ぎなかった。

誤解が生んだ暗殺事件

西欧化を進める政府の方針に、ひときわ協力的だったのが、初代文部大臣の森有礼《もりありのり》である。イギリス留学経験があり、外交官も務めた森は、かなり進歩的な考えの持ち主だった。

日本で初めて男女の平等と夫婦の対等を主張したのも、夫婦同権などの契約書を交わす西洋式の結婚式を挙行したのも、森である。明治元年の時点で、一般士族が刀を持つこと自体を禁止しようという意見もあったと書いたが、それも森による提案だった。驚くべきことに、日本語を廃止して、簡易英語を使うことまで提案している。

やや思考が極端すぎるものの、近代化を目指す明治政府にとって、森は歓迎すべき人材だったに違いない。森は、学制改革を実施して、福澤諭吉や新島襄※とともに「明治六大教育

※秋月の乱
10月26日、旧秋月藩士らが起こした反乱。約250人が反乱に加わったと言われている。兵を豊津（現・みやこ町）へ進めるが、小倉鎮台に制圧された。

※萩の乱
長州藩出身の前原一誠が萩で起こした反乱。前原は維新後に参議や兵部大輔を務めていたが、開化路線や木戸の厳格な対応に不満を抱いて辞職。不平士族の反乱に呼応して乱を起こしたが、広島鎮台を率いる三浦梧楼に約1週間で鎮圧され、刑死する。

家」の一人とされている。

しかし、急速な西欧化に戸惑いや反発も生まれるなかで、森は格好のターゲットでもあった。

1889（明治22）年2月11日、大日本帝国憲法が明治天皇から黒田清隆首相に手渡された、その日に悲劇は起きた。朝の8時頃、森が式典に参列するため、礼服を着て準備をしていると、自宅に「西野文太郎《にしのぶんたろう》」と名乗る若者が訪ねてきた。西野は森の秘書とこんな会話を交わしている。

「実は、本日、森大臣の命を狙う輩がいるとの情報が入りました。事が事だけに、詳細は大臣のお耳に直接入れたいのです」

急進的な欧化主義を目指した森有礼

ちょうどそのとき、礼服を着た森が階段から下りてきた。それを見た西野は、森に飛びついて、隠し持っていた出刃包丁で森の右腹を深く刺した。駆けつけた警察官が西野を切りつけて、西野はそのまま息絶えたが、致命傷を負った森もこのとき死亡した。

森を暗殺した西野は、山口県出身の士族で、愛国心の強い国粋主義者だった。だからこそ、

※**新島襄** にいじまじょう（1843〜1890）安中藩（現・群馬県）藩士。江戸の藩邸で生まれる。アメリカへ密航してキリスト教に入信し、大学で神学などを学ぶ。帰国後に京都でキリスト教主義教育を目的とした同志社英学校を設立した。

伝統を軽んじるような森の言動が許せなかったのだろう。

直接のきっかけとなったのは、伊勢神宮においての、森のある一つの行動だった。西野が所持していた斬奸状《ざんかんじょう》には、次のようなことが書かれていた。

「文部大臣である森は、伊勢神宮に参拝したとき、泥靴のまま神殿に上がったり、ステッキで神殿の御簾をあげたり、また礼拝もせず、神を敬う気持ちが欠けていた。それを傍観することができず、手をかけた」

西野は神主の息子でもあった。堪忍袋の緒が切れた、ということだろう。

しかし、報道は事実ではなかった。森が皇族門で門扉の帳《とばり》をステッキで持ち上げようとしたことが、「ステッキで御簾をはねた」と誤解され、それが新聞などで報じられたことで、広まったらしい。それどころか、森に反感を持つ神官たちによる完全なでっちあげだったとさえ言われている。

誤解が生んだ悲劇だが、明治政府が強引に推し進めた西欧化への不満を、森が一身に受け止めたともいえるだろう。[※]

※森が一身に受け止めた　ベルツの日記によると、世間は森暗殺に肯定的だったようだ。西野による暗殺を賛美する新聞があったり、西野の墓に詣でる芸者や学生、俳優が多かったという。

第四章

悲惨すぎる庶民の生活

16 名ばかりの娼妓解放令と事実上の一夫多妻制

娼妓・芸妓は牛馬と同じ

身分制度が明確だった江戸時代が終わり、明治時代では、近代的な平等意識が打ち出された。※士農工商から四民平等への転換が、その象徴だろう。

また、教育面においても、1872（明治5）年に学制が発布され、6歳以上の男女すべてが初等教育を受けることになった。これも男女平等に教育を受けさせるための変革である。

そのため、女性への差別や不平等さが、明治時代には軽減された……そんなふうに思われがちだ。現に、明治5年には「娼《しょう》妓《ぎ》解《かい》放《ほう》令《れい》」と呼ばれる太政官布告が出されて、娼妓・芸妓たちの借金をチャラにしている。いかにも、弱き立場の女性のことを第一に考えてのことのようにも思える。

※士農工商
もともと、士農工商は中国で「民衆」という意味で使われていた用語であり、身分関係を示すわけではなかった。70ページ注も参照。

だが、それは誤解である。実際には、明治以降も依然として女性蔑視の考え方は残っていた。それどころか、江戸時代のときよりも、女性への差別はひどくなったという声さえあるのだ。

吉原の遊女たち

明治5年の「太政官布告第295号」、通称「娼妓解放令」と呼ばれる布告には次のようにある。

「人身を売買するは古来の制禁の処、年季奉公等、種々の名目を以て其《その》実売買同様の所業に至るに付、娼妓・芸妓等雇入《やといいれ》の資本金は贓金《ぞうきん》と看做《みな》す」

人身を売買することは禁止されており、娼妓・芸妓を雇い入れる資本金は「贓金」、つまり、「不正な手段で手に入れた金」とみなす、とまで言っている。

江戸時代は、幕府※が吉原や島原などの遊郭を公認していたことを思えば、かなり踏み込んだ布告だと言えるだろう。売春を撲滅させるという意思すらも感じ取ることができる。

だが、続きを読むと、少し複雑な思いになってくる。

「同上の娼妓・芸妓は人身の権利を失うものにて、

※幕府が吉原や島原などの遊郭を公認していた
江戸の町には幕臣の他、参勤交代によって各藩の藩士が集まっていた。また、初期には都市整備の必要から人足も必要とされていたため、男性の人口が多かった。江戸時代中期には、人口の3分の2が男性だったという記録もある。そうした人口構成の影響もあって、当初は遊郭の設置に乗り気でなかった幕府も次第に軟化し、1617年には営業許可を出すようになった。京都の島原は、江戸時代以前から遊郭があり、秀吉にも認められていたこともあって、江戸時代も営業を許可された。

牛馬に異ならず。人より牛馬に物の弁済を求むるの理なし。故に従来同上の娼妓・芸妓へ借す所の金銀並びに売掛滞金等は一切債《せめ》るべからざる事」

後半はいいだろう。娼妓・芸妓への借金はないものにするとしている。だが、その結論に至るための理屈がいただけない。

「娼妓・芸妓のように身を売る女性はすでに人権を失っているのだから、牛や馬と変わらない」と、政府の文章とは思えない表現がなされているのだ。そのうえで、「牛や馬に物の弁済を求めるのはおかしいから、借金を返す必要もない」と結論づけている。

娼妓・芸妓がそれくらい悲惨な状況だと言いたいのだろうが、牛や馬と一緒にするのは、あまりにも屈辱的だろう。

女性たちも、何も好き好んで身売り※をしていたわけではない。当時の貧しい女性は、そうした仕事で生計を立てるしかなかったのだ。

抜本的な対策をすることなく、ただ借金だけ帳消しにして、彼女のたちの存在を「なかったことにする」のは、乱暴すぎる方法だ。借金がなくなっても、楽になるのは一時的なことである。代わりになる仕事を与えることもなく、自分の身を売る仕事から抜け出ることは、ほぼ不可能だろう。

そのことは、実は政府もよく分かっていた。そのため、この「娼妓解放令」には抜け道が作られていた。

※**身売り**
江戸には女性の身売りを受け持って遊郭などに周旋する女衒（げぜん）という職業があった。こうした女衒が、明治期も貧しい女性の引き受け手となって、国内外へ女性を売り飛ばしていた。

解放された娼妓が本人の意思で希望した場合は、鑑札を与えて娼妓を続けることを認めたのである。結果的には、政府公認の売春婦である「公娼」はその後、増加している。身売りをする女性を減らすという目的から言うと、解放令の意味は全くなかったと言っていいだろう。

ただ建前だけの解放令で、売春自体が禁止されることはなかった。というよりも、政府も最初から、そのつもりはなかったのだった。

では、なぜ、「娼妓解放令」を出す必要があったのだろうか。それを説明する前に、女性を差別する、もう一つの習慣について述べなければならない。

大激論を呼んだ「妾問題」

これまで何度も書いてきたが、明治維新として、教科書などでクローズアップされるのは、いつでも開明的で、新しい時代を感じさせるものばかりである。

しかし、その一方でひどく封建的な取り決めも実はなされている。そのうちの一つが、1870（明治3）年12月に制定された、刑法典「新律綱領」※である。

ここでは男性に、正妻以外に「妾《めかけ》」の存在を初めて公式に認めている。妾を妻と同じ夫の2親等として扱い、戸籍に記載されることになった。明治初期は、一人の男性が妻以外に妾を複数持つという、事実上の「一夫多妻制」を、国が法的に認めていたのである。

※新律綱領《しんりつこうりょう》
古代中国の刑法をベースに作られた刑法典。新律綱領をはじめとした刑法制度については、168〜176ページを参照。

「妾は禁止すべきではないか」

そんな議論が元老院会議※の場で持ち上がったのは、１８７６（明治9）年のことである。原則的には一夫多妻制でいくとしても、妾を廃止するのは難しいという立場の人が多く、議論はなかなか決着しなかったという。

また元老院会議では「有用な妾は公認すべきだが、無用な妾は控えるべきだ」という意見も出た。意味が理解できない読者もいるだろう。

有用な妾とは、「正妻の代わりに跡継ぎの男児を産む可能性のある妾」ということである。正妻が子供に恵まれればよいが、そうではないケースもある。家系の存続と家産の継続のためには、妾が必要だという考えも根強かった。男性不妊という発想などなかったことは言うまでもない。

一方の「無用な妾」は、単なる性的欲求を満たすための妾のことを指している。両者が明確に線引きされるとも思えないが、大真面目にそうした議論を行っていたことに、驚きを禁じ得ない。議論する政府の中枢にいる男性たちにとっても、大いに関係のあるところだったのだろう。

継続して議論が行われ、結果的には、１８８０（明治13）年に刑法が制定されると、妾の文字が戸籍から削除されることになった。だが、妾の存在がなくなるわけではない。「娼妓解放令」の対象となったのは身売りを行う娼妓・芸妓だが、身体を売らずに芸で生計を

※**元老院**《げんろういん》　１８７５年に左院に代わって設立された立法機関。新法制定・旧法改定を審議するとされた。ただ、行政機関である正院は元老院の審議を経なくても法律を制定できたため、権限はあまり強くなかった。１８９０年、帝国議会開設により廃止された。

立てる、新橋や赤坂の芸妓のような女性もいた。

だが、彼女たちもまた、権力者の事実上の妾となることが多く、この妾問題についても、結局、明治政府は何も変えられなかったのである。

建前で禁止したワケ

それにしても、なぜ、明治政府は「娼妓解放令」を出したり、妾の存在を問題視するなど、変えられもしない「闇」に自ら手を出したのだろうか。

もちろん、女性の権利を第一に考えたからではない。それはひとえに「諸外国の目を気にしたから」にほかならない。

欧米人は「一夫一妻制」を原則としたので、妾を持つ日本人の姿は奇異で、野蛮な風習にさえとらえられた。とりわけ、妻と妾が同じ家のなかで暮らす「妻妾同居」は、今の我々からみてもそうであるように、悪趣味な行為だとして、眉をひそめられていた。※

遊郭の存在も同様である。外国人にとっては、人身売買以外の何ものでもなく、そんな国を文明国と認めて、対等に付き合っていくことなど到底できないとも思われかねない。

そうした事態は、欧米諸国との不平等条約の解消を目指す明治政府にとっては、非常に都合が悪いことだった。

実際にこんな出来事があった。

※眉をひそめられていた
一方で、開港後に幕府が外国人と日本人の結婚を認めなかったこともあり、娼妓だけが外国人の妾になることは認められていた。

明治5年7月、ペルーの船、マリア＝ルース号が横浜港に入港すると、そこから一人の中国人が脱走。イギリスの軍艦に保護された後、日本に引き渡されるという事件があった。中国人が奴隷の待遇を受けていることが分かると、日本は奴隷の輸出を問題視して、ペルーへの引き渡しを拒否。裁判※へ持ち込まれたが、日本が勝訴し、国際意識の高さを見せつけた。このときの日本の対応は非常に立派なものだと言えるだろう。

だが、裁判のときペルー側から「日本にも遊女・娼婦がおり人権が侵害されている」と批判されてしまった。勝訴はしたものの、国際的な注目が集まる裁判で、日本の遊郭がクローズアップされたのである。

その批判の声に追い立てられるように「娼妓解放令」を出したというのが、ことの真相である。妾問題の解消と同様に、対策を行うポーズ自体が重要だったため、建前に終わったのは、むしろ当然のことだった。

明治政府はいつでも国民ではなく、欧米人のほうを向いて、さまざまな改革を行っていたのである。

※**裁判**
政府は日本に司法権があると判断し、神奈川県庁内に県令大江卓を裁判長として特別法廷を開設した。

17 大騒ぎになった「明治ミスコン事件」

日本一の美人が選ばれた

明治時代は文明開化の名のもと、保守層から反感を買うほど、急速な西欧化が進められた。女性は変わらず着物を着ることが多かったものの、それでも西洋風の模様が取り入れられて、色や柄が艶やかになっていった。

しかし、明治維新によって、女性が伸び伸びとできる自由な社会になったかというと、そうとは言えない。開明的なイメージから誤解しやすいが、女性にとってはまだまだ抑圧が大きかった。

その象徴的な事件ともいえるのが、俗に言う「明治ミスコン事件」である。

ことの発端は、時事新報社※が1908（明治41）年、美人コンテストを実施したこと

※**時事新報社**
日刊新聞「時事新報」を発行する出版社。福沢諭吉が1882年3月1日に創刊した。慶応義塾出版社という旧社名が示しているとおり、慶応義塾出身者が中心となって運営した。195～196ページも参照。

美人寫眞第二次審査の結果

去月二十九日の第二次即ち最終審査に於て全國第二等までに當選したる美人寫眞は左の三名にして

茲に寫眞募集に參同せられたる全國各新聞社の盡力を謝すると同時に讀者諸氏に披露する事とせり

一等　末弘ヒロ子（十六）
小倉市室町四十二蔵方四女

二等　金田ケン子（十九）
仙臺市東四番町飯島娘

三等　土屋ノブ子（十九）
宇都宮市上河原町五十九

猶ほ次點者中得點數多かりしもの九名を擧ぐれば左の如し

四　尾鷲貞子（廿三）
五　武内操子（十七）
六　森田ヨシ子（廿二）
七　鵜野ツユ子（十九）

日本第一美人　末弘ヒロ子孃

賞品授與、孃の肖容

世界美人競爭の候補者

日本一の美人は福岡縣小倉市長末弘直方氏の令孃ヒロ子と確定

子の義兄、即ち富家の主人なり

美人コンテストの当選者発表を伝える時事新報記事（1908年3月5日）

にあった。当然のことながら、これも欧米の影響であり、アメリカの『シカゴ・トリビューン』紙が世界美人コンテストを企画。それに時事新報社が乗っかったかたちとなった。

ちなみに、混同されやすいが、日本初の美人コンテストは、それより十年以上前、１８９１（明治24）年に実施されている。東京浅草の凌雲閣※で行われた「百美人」の催しである。

ただし、このときは審査対象が芸者に限られており、4階から7階にかけて展示された１００人の芸者の写真から、見学者が投票して順位を決めるというもの。そのため、一般公募による美人コンテストは、この時事新報社のものが日本で初めてということになる。

明治41年2月29日、最終審査となる第2次審査が行われた。第3位までに選ばれたのが、次の3人である。

※**凌雲閣**《りょううんかく》　１８９０年、浅草公園に竣工した12階建ての煉瓦造りの塔。高さは約52メートル。「雲を凌ぐ楼閣」という意味で名づけられた。日本で初めて電動式のエレベーターが設置された塔でもある。3階建以上の建物を建設することは幕府によって禁じられていたが、幕末に規制が緩和されると、高層建築が次々と登場。凌雲閣もそのブームに乗って建造されたが、１９２３年に起きた関東大震災で倒壊している。なお、凌雲閣一帯は飲み屋や娼婦が集まる場所としても有名だった。

1位　末弘ヒロ子　16歳　小倉市室町
2位　金田ケン子　19歳　仙台市東四番町
3位　土屋ノブ子　19歳　宇都宮市上河原町

グランプリに輝いた末弘ヒロ子は、福岡県小倉市長の娘で、学習院女学部中等科の3年生だった。良家のお嬢様である。

紙面では、日本一の美人が決まったことを興奮気味に書き立てられている。

「世界美人競争の候補者を出さんが為《た》め本社が主催して募集せる日本全国美人写真に対する審査の結果はいよいよ別項に発表したり。即ち本社が挑戦者たる「シカゴトリビューン」社に送りて世界の競争に加はらしめんとする日本一の美人は福岡県小倉市長末弘直方氏※の令嬢のヒロ子と確定する」

グランプリに輝いた末弘ヒロ子

記者が賞品を持って、ヒロ子のところを訪ねる様子も記事になっており、最初に出た義兄が「ヘエ、全国一等に、これは意外です。事実でしょうか」と驚きのコメントを寄せている。

新聞社はあらかじめ、この日はヒロ子に家に

※**末弘直方**《すえひろなおかた》（1848〜1920）薩摩藩出身。明治維新後は警察組織に所属。反乱の機運が高まりつつあった薩摩に帰郷すると、西郷を慕う私学校のメンバーにとらえられた。その後、緊張が高まり西南戦争を迎えることとなる。戦いが終結したのちは警察官僚や地方長官などを務めた。

いるようにと伝えてあったらしく、義兄が妹のヒロ子を呼びにいっている。その間の記者の興奮さえも記事にしている。

「嗚呼《ああ》日本一の美人、或はやがて世界一の美人たらんとするその美人は今わが眼の前に現はれんとしつつあるなり」

現れたヒロ子は、写真よりもさらに美しく、記者は大喜び。賞品のダイヤモンドの指輪を手渡されると「まあ大きなダイヤモンド※！」と、ヒロ子は驚きを見せたという。

微笑ましい場面だが、この先にもっと驚くべき展開が待っているとは、このときは誰も知る由もなかった。

待っていたのは退学処分

実は、この美人コンテストは、ヒロ子自身が写真を送ったわけではなかった。送ったのは、義兄である。紙面では「全く私の物好きから、本人のヒロ子には勿論、妻にも無断で出したのです」と義兄がコメントしている。

慌てたのはヒロ子である。選考の過程で、友人に「あなたが出ているわよ」と言われても、「いいえ、私ではありません」という返事で貫いたという。そして、義兄には、こんなお願いもしている。

「もし万が一、3等にでも入ろうものなら、また学校がうるさいから、どうかしてそんな

※ダイヤモンド
ダイヤモンドが日本で本格的に知られるようになったのは、明治時代になってから。欧化政策を推進する政府により、皇族や華族の女性は、ダイヤモンドを装飾具として身につけ、社交場に足を運んだ。昭和天皇の皇后美子妃は、１８８７年3月に女子学習院で『金剛石』という歌を詠み、ダイヤモンドでも磨かなければ光り輝かないことを挙げながら、教育の重要性を説いている。こうしてダイヤモンドは、文明開化の象徴として女性の憧れになっていたようだ。

ことのないようにしてもらいたい」

しかし、このヒロ子の心配は、想像以上にダメージの大きいかたちで、現実になってしまう。ヒロ子は、当時、女子学習院中等科に在籍していたため、風紀を重んじるムードがあった。

それもそのはず、当時の学習院院長は、陸軍大将の乃木希典《のぎまれすけ》である。乃木といえば、森鷗外が『独逸日記《どいつにっき》』で「長身巨頭沈黙厳格の人なり」と初対面の印象を綴ったように、厳格な人物として知られており、※昭和天皇の教育係も務めていた。美人コンテストなんて不埒なものを許す雰囲気は全くない気質だ。

ミスコン時に学習院院長だった乃木希典

間の悪いことに、乃木が院長に就任してから1年が経ったばかりの頃に、このコンテストが行われた。案の定、乃木はヒロ子に退学を命じて、放校処分にしている。

本人が投稿していないことから、親や新聞がそれはあんまりだと抵抗したものの、受け入れられることはなかった。あえなくヒロ子は退学となった。

明治41年3月22日付の「大阪毎日新聞」には、当時の学校側の意見が、次のように掲載されて

※昭和天皇の教育係
乃木は日露戦争で激戦を制した陸軍の将軍で、その忠誠心や徳義から、明治天皇の信頼も厚かった。学習院院長に就任したのも、明治天皇直々の指名があったから。入学が決まっていた裕仁親王（のちの昭和天皇）の教育を乃木に任せるためだった。裕仁親王は乃木を慕い、「院長閣下」と呼んでいたようだ。

いる。

「女は虚栄心の盛んなるもの、いわんや女学部生徒のごとき上流の家庭に育ちしものにありては、本人が虚栄心に駆られて自ら応募せしならば、他の生徒等の取り締まりの上、停学もしくは論旨退学の処分をなさんと目下しきりに協議中にて、（中略）なおヒロ子他これに応募したる同校生徒をもそれぞれ取り調べの上、処分するはずなりと」

どうも見せしめ的な要素が強かったようだ。大阪毎日新聞は、その翌日にもこの事件を取り上げており、また、新たな視点で論を展開している。

「今度の事で問題にすべき事があるとすれば、それは他ではない、ひろ子《ママ》をして同校に止まる事の出来ない程嫉妬の揶揄を試みる生徒間の卑劣心である」

乃木が非情な決断を下したのは、ほかの生徒への影響も考えた結果だったのだろう。この事件のインパクトは大きく、この後から、教師や婦人雑誌の記者は「美人」の代わりに「佳人《かじん》」と言い換えるほどだった。

乃木にまつわる逸話

さて、この「明治ミスコン事件」。

必ずといっていいほど、次のオチがつく。それは「乃木院長がヒロ子に同情して、結婚相手をあっせんした」というもの。

※**野津道貫** のづみちつら（1841〜1908）薩摩藩出身。戊辰戦争後は陸軍に所属し、佐賀の乱、西南戦争に従軍。勇猛果敢な将軍として知られ、日清

実際、この騒動のあとに、ヒロ子はのちに貴族院議員となる野津鎮之助《のづしずのすけ》と結婚。野津鎮之助の父は日露戦争で第四軍司令官を務めた野津道貫※であったことから「乃木の働きかけがあった」と各方面で記述された。それが引用されることで、いまだにその説が広がっている。

しかし、黒岩比佐子は『明治のお嬢様』で、これまでの経緯を詳細に分析したうえで、両家の密接な関係を指摘。次のように「乃木あっせん説」を否定している。

「しかし、この結婚話をあっせんしたのが乃木だというのは、どうやら事実ではなさそうである。一九〇八年十月八日付『国民新聞』の野津鎮之助とヒロ子の結婚を伝える記事によれば、野津家と末弘家とは同国出身で以前から親しく、とくに、ヒロ子の父である小倉市長の末弘直方と野津道貫とは、「殆ど骨肉の如く親密」な間柄だということだ」

本人の意思で出したわけではないにもかかわらず、一人の女学生を退学にまで追い込んだ「明治ミスコン事件」。美談に収束するのは無理がある。

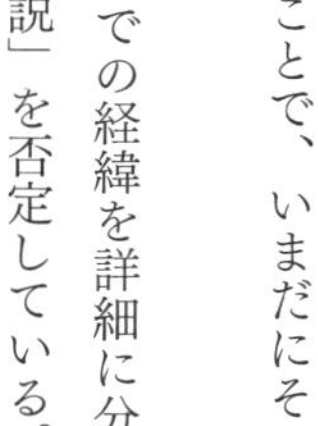

戦争などの対外戦でも戦果をあげている。教育総監や貴族院議員も務めた。

18 コレラ大騒動！民衆が大反発したワケ

お得意様からの贈り物

明治新政府は、「攘夷」を掲げて倒幕しておきながら、いざ政権を取れば、開国路線に舵をきって西欧化を推し進めた。外国を打ち払うどころか、憧憬の対象として、何とか対等な関係を築こうと躍起になった。

だが、国交によって外国から入ってくるのは、魅力的な輸入品や、最先端技術の知識ばかりではない。これまでにはなかった「疫病」も入ってくることになる。

その代表例が、コレラである。

コレラは、感染後、激しい下痢と嘔吐が始まり、やがて全身痙攣を引き起こすもので、当時は死亡率も高かった。世界的に流行※したのは、19世紀初期から20世紀初期にかけてである。幕府が日米修好通商条約に調印して国交が始まった頃から、江戸でもコレラの感染

※**世界的に流行**
インド周辺や中国で流行することはあったが、欧米諸国が航海術を発達させてア

が広がり、江戸だけで3〜4万人に上る死亡者が出たともいわれている。

　ころりと死んでしまうことから「コロリ」と呼ばれて恐れられたが、江戸後期からの猛威が治まることはなく、明治時代に感染のピークを迎える。

コレラの病原体として1886年に描かれた錦絵。虎の頭、狼の体、狸の睾丸を備えた怪獣として描かれている（『錦絵医学民俗志』）

　１８７７（明治10）年の時点で、コレラ患者の数は１万３８１６人、死者数は８０２７人に上り、その2年後には、患者数は16万２６３７人、死者数はなんと10万５７８６人にも上った。信じがたいほど大規模な感染となったのである。

　一体、この2年間で何があったのか、というと、「ヘスペリア号事件」が起きていた。

　１８７９（明治12）年、ドイツのヘスペリア号が清を出て、横浜に到着した。当時、清でもコレラが流行っていたため、日本側は検疫場での検疫を要求したが、ドイツ側は無視して強引に横浜へ入港してしまう。

　その結果、横浜や東京など関東地方で、コ

ジアに進出するようになると、感染力の強いコレラは瞬く間に西欧社会にも広がり、南北アメリカやアフリカにも拡大した。

レラが爆発的に流行することになってしまったのだ。

諸外国に押し切られてしまう[※]のが何とも情けないが、感染を防ぐため、明治新政府もただ指をくわえていたわけではなく、各国官吏を含めた共同会議の場で、検疫規制を作成していた。

にもかかわらず、規制強化を嫌ったイギリス公使のハリー・パークス[※]が反対の姿勢を貫いた。ドイツもまた、日本の規制強化を恐れて検疫を回避した結果、今回の事件となった。完全になめられているとしか、言いようがない。

明治新政府は、日本伝統文化を軽視してまで欧米にすり寄ったにもかかわらず、ろくに相手にもされておらず、挙句の果てには、コレラを輸入することになったのである。

コレラを防ぐためなのに……

明治時代には、徴兵や学制などさまざまな政策が行われては、それに反対する一揆が起きた。コレラについても、やはり反対運動として、「コレラ一揆」と呼ばれるものが起きている。

蔓延するコレラ[※]に対して、しっかりと対策をとってくれ、という抗議の一揆かと思いきや、そうではない。政府はコレラ患者に対して、感染を防ぐために隔離政策をとったが、そのことに対して反対運動が起きたのである。

※諸外国に押し切られてしまう　ヘスペリア号事件前の1877年には、イギリス人商人がアヘンを密輸していたことが発覚したが、イギリスの領事裁判所はこれを薬用だとして無罪を言い渡している。

※ハリー・パークスが反対　パークスは、日本が規制をつくっても、イギリスの法律ではないから従う必要はないという立場を示していた。なおパークスについては94ページ注を参照。

※蔓延するコレラ　有効な治療法がなく、海外からの流入を防ぐこともできなかったため、幕末以降、コレラは定期的に流

例えば、1879（明治12）年には、コレラによる死亡者を護送する巡査2名が襲撃を受け、さらには数百人の群衆が集まってきて、街中の米屋を次々と打ち壊し始めた。襲撃者たちは、コレラで死亡した人が入った棺桶で鐘を打ち鳴らして人を集めたというから、異様な光景である。

また、その2日後には新潟で、700人が暴徒と化した。ある男が川辺で散薬を使っている姿を見られたことから、「毒物を川に投入している」とデマを流されて、大騒ぎになった。巡査がその男を連行して事情徴収をしているうちに、群集が警察署を取り囲み、竹やりや鳶口《とびぐち》を振り回して署を破壊し始めたというから、ただ事ではない。

騒動はこれでもまだ収まらず、興奮した民衆は、連行されていた男を撲殺。そのうえ、商人の家を数軒と医師の家2軒を襲撃して、さらに避病院、検査所まで破壊した。最終的には13人もの死者が出る騒ぎとなった。

このようなコレラ一揆は、新潟を中心に、明治

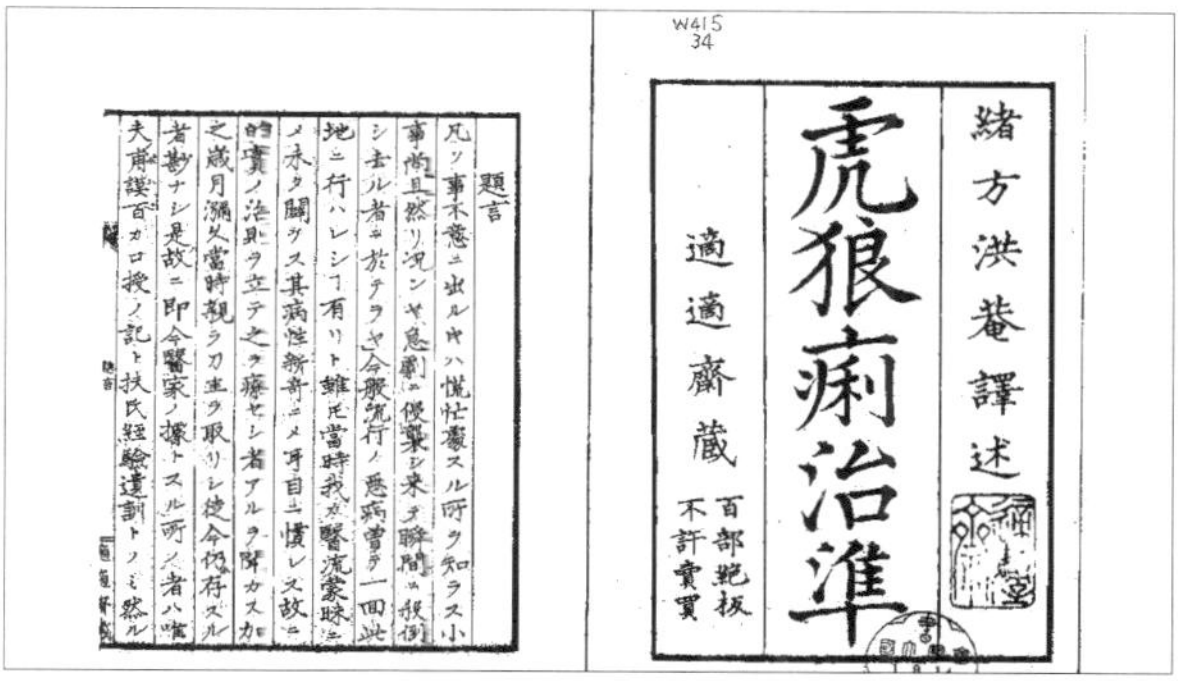
題言
凡ソ事不意ニ出ルヤハ慌忙驚スル所ヲ知ラス小
事尚且然リ況ンヤ急劇ニ侵襲シ來テ瞬間ニ殺倒
シ去ル者ニ於テヲヤ今般流行ノ悪病曾テ一回此
地ニ行ハレシ事有リト雖モ當時我カ醫流蒙昧ニ
メ未タ闢ケス其病性新奇ニメ耳目ニ慣レス故ニ
的實ノ治則ヲ立テ之ヲ療セシ者アルヲ聞カス加
之歳月瀰久當時親ラ力ヲ取リシ徒今仍存スル
者尠ナシ是故ニ即今醫家ノ據トスル所ノ者ハ唯
夫爾謨百カロ授ノ記ト扶氏經驗遺訓トノミ然ル

緒方洪菴譯述
虎狼痢治準
適適齋蔵
百部絶板
不許賣買

コレラの臨時治療法をまとめた書籍。有効な治療法がなかったため、一時的な処置しかできなかった（緒方洪庵「虎狼痢治準」『病学通論３巻』）

行。特に、西南戦争が起こった1877年をはじめ、1879年、1882年、1886年、1890年、1891年は大流行した。

12年だけで24件も起きている。

毒物を川に流したと勘違いされた男が襲われたのはまだ理解できるとしても、警察や医師まで襲撃されたのは、なぜなのか。

それは、彼らが抗議していた次のような内容から推測できる。

コレラ患者を避病院に入れず自宅療養とすること
コレラ死者の葬儀を自分で行うこと
コレラ予防のため売買禁止になった果物の売買を許すこと

これらを見ると、民衆はコレラに対する政府の対策の不備ではなく、コレラの対策をすることに対して、反感を抱いていたことがわかる。一体、なぜなのだろうか。

その理由として、コレラ患者を隔離するための避病院の環境が、あまりにも劣悪であったことが挙げられる。患者はバラックの板囲いに入れられて、※治療もほとんど受けないまま、死亡していくことがほとんどだった。隔離されたが最後、悲惨な末路が待っていることが、人々の間で浸透していたのである。

また、警察や医師の消毒・隔離を行う態度が、あまりにも強硬だったことも、反発を生むことになった。なにしろ、コレラの疑いがあれば、警察たちは、土足で家に踏み込んで

※**治療もほとんど受けない** 1883年になると、ドイツの細菌学者コッホがコレラ菌を発見するが、治療法の確立にはいたっていない。そのため、当然ながら1879年段階では打つ手はなく、病院にきてもすぐに火葬場に向かうような状況だったようだ。

くるのだ。

明治15年にはこんなチョイト節が流行した。

いやだいやだよ　じゅんさはいやだ
じゅんさコレラの先走り　チョイトチョイト

「じゅんさ」とは、「巡査」、つまりコレラ患者に乱暴を働いた人々のことだ。

茶化しているが、不気味な節である。

感染を防ぐためのコレラ対策も、国民にとっては、恐怖※でしかなかった。政府による説明不足と言わざるを得ないだろう。

最終的に、明治期を通じたコレラの死者数は、37万人にも達した。これは日清・日露戦争による死者数をも上回る。対策が難しかったとはいえ、民衆への態度をもっと軟化させていれば、よけいな混乱は生まずに済んだかもしれない。

※恐怖でしかなかった
民衆は神仏にすがり、病院ではなく祈祷に救いを求めた。内務省は祈祷よりも病院を優先するよう注意を促したが、それでもコレラで命を落とす人は、跡を絶たなかった。

19 寮の食事に異議あり！「賄征伐」という退学騒動

厳格な寄宿生活に高まる不満

明治維新の教育改革については、すでに述べた通り[※]、全国に学校を設置し、すべての国民に教育の機会が与えられた。江戸時代の寺子屋を引き継いだものが多かったが、教育の環境が整備されたのは確かである。

しかし、それで学生たちが嬉々として学生生活を送るほど、単純な話ではない。明治維新で良くなった点ばかりがクローズアップされがちだが、何もかもがうまくいったと考えるのは、誤解である。

まず、庶民には学費が重かったため、子を持つ親は新たな悩みを抱えることになった。80ページ紹介した学制反対一揆は、そんな葛藤の表れである。

そして、新たな教育環境に悩んだのは、親だけではない。当事者の学生たちにもやはり

※すでに述べた通り　10項「教育改革の土台は江戸時代の寺子屋制度」（76～80ページ）を参照。

創設時の東京師範学校（現・筑波大学）。寄宿舎教育は軍隊に似たスパルタ式で、生徒はグループをつくって舎監と呼ばれる統率者の命令に従った。

不満があり、※学生運動として発散されることになる。

その学生たちによる運動が「賄征伐《まかないせいばつ》」である。

「賄征伐」という名前からして、何やら間抜けな響きだが、退学者が続出するなど大騒ぎになった。学校の授業ではまず教えられないので、聞き慣れない人のほうがむしろ多いはずだ。

「賄《まかない》」と言えば、アルバイト先で従業員が食べる食事を思い浮かべるが、この場合は「食事を給仕・調理する人」のことを言う。学生が、寮の食事を用意する人を、なぜ征伐しなければならなかったのだろうか。

そのことを説明する前に、明治時代の寮、つまり寄宿舎が教育においてどのような位置づけにあったかに触れておいたほうがよいだろう。

もともと、寄宿舎は遠方から通う生徒のために、厚生施設として設置されたが、次第に教育効果を発揮する環境として、期待されるようになる。特に、文部大臣の森有礼は、※師範学校における寄宿

※**学生運動**
もちろん、義務教育期間中の子どもではなく、旧制高等学校や大学、官立学校などに通う青年層の学生による運動のこと。

※**師範学校**
小学校の教員を養成するための機関。学費が無料だったため、貧しくても志のある若者は、師範学校を目指した。

晩年の森鷗外。学生時代、殺伐とした寄宿舎生活を経験した。

舎教育が極めて重要だとして、厳格で画一的な、兵営式の寄宿舎運営を実施した。

師範学校において、寄宿舎は、ほぼ絶対的な教育施設だったといえるだろう。法令上の裏付けはなかったものの、寄宿舎への入舎が当然という雰囲気があり、通学が容認されるには、大正の中頃まで待たなければならない。

窮屈な寄宿舎生活に学生たちのストレスが溜まっていったことは言うまでもない。教育學雑誌の「師範学校寄宿舎の歴史的変遷・森文政期～大正期を中心に」（今泉朝雄）では、次のように書かれている。

「当事者である師範学校生徒の多くが潜在的に不満を持っていた。どの師範学校沿革史の回想録などをみても、暗黒の時代としてその厳格な規律や上下関係について触れられており、その問題意識は非常に高かったといえよう」

寄宿舎生活での上下関係がいかに過酷だったかは、文豪の森鷗外《もりおうがい》が、※東京医学校予科の寄宿舎では、護身用にいつも懐に短刀を入れていたという逸話からも分かる。秀才で若くして大学に入った鷗外にとって、周囲は3～4歳年上ばかり。身の危険を感じるようなことも多かったらしい。

※**東京医学校予科**
東京医学校は官立の医学教育機関。東京大学医学部の前身。大学入学前の予科は教養課程として設置されたもので、修業期間は2年間

そんな過酷な寄宿舎生活への不満が「食事」という一点に凝縮され、行われたのが「賄征伐」である。

厳しい退学処分が次々と下された

賄征伐とは、簡単に言うと、寄宿舎で出される貧弱な食事に対する学生の抗議活動である。貧弱な食事に対する抗議の方法はさまざまであり、「机を叩く」「茶碗を投げる」など破壊的な行動に出る者もいれば、比較的、穏便な方法もあった。例えば、村井弦斎※の『食道楽』では、こんな描写がある。

「その大原というのは同じ学校にいた朋友だが校中第一の健啖家で、その男の物を食べるには実に驚く。賄征伐を遣る時には一人で七、八人前を平らげるという剛の者だ。鰻丼なら三つ以上五つ位食べなければ承知せん位の大食家だ」

この大原という男は、一人で7～8人前食べることで、賄征伐を行っていたようだ。食事を提供する業者を困らせれば何でもいいというもので、食事を平らげては「飯はないのか！」と大声を上げて騒ぐというやり方もあった。

内容は他愛がないものであったが、学校側の処分は厳しかった。司法省法学校（現在の東京大学法学部）のように、退学処分が数人に下される大きな事件に発展したケースもあったほどだ。

とされた。鷗外はこの東京医学校予科に12歳（数え年）で入学している。

※**村井弦斎** むらいげんさい（1864～1927）三河吉田藩出身の小説家・ジャーナリスト。儒官の家系に育ち、幼い頃から語学教育などを受ける。東京外国語学校（現・東京外国語大学）に入学して首席となるが、勉強のしすぎで体調を崩す。20歳で渡米して苦学し、帰国後は『郵便報知新聞』紙上で作品を発表して活躍した。新聞紙上で連載していた『食道楽』は、単行本化するとベストセラーとなり、美食ブームが起こるほどだった。

賄征伐で退学となった陸羯南

しかも、このとき退学になったのは、のちに大物になる人物たちだった。

まずは、のちに「九州日報」の社長兼主筆となる福本日南。次に、後に日本新聞社長となり、正岡子規を育てる陸羯南※、正岡子規の叔父で外交官となる加藤恒忠※、同じく外交官として活躍する秋月左都夫《さつお》なども、賄征伐で退学させられている。

そして、極めつけが、「平民宰相」と呼ばれた、第19代内閣総理大臣の原敬《はらたかし》である。彼らがみな賄征伐を理由に、同時に退学処分を受けたのである。

しかし、これが実に他愛もないことで処分を受けている。

1879（明治12）年のことだ。寄宿舎の食べ物があまりに少ないために、学生たちが抗議し、ある夜、勝手に食堂に侵入。ランプを灯して食べ騒いだところ、関わった学生たちがみな保証人のもとへと預けられることになった。

当然、保証人の父兄らは、学生たちに帰校するように言ったが、よほど環境に不満があったのか、誰も寄宿舎に戻ろうとはしなかった。

そんななか、生徒代表として校長だけではなく、大木※司法卿にまで陳情したのが原敬で

※**陸羯南** くがかつなん（1857～1907）
弘前藩出身。退学後は一時官職に就くが、退職して新聞社を起こす。雑誌『日本人』誌上を中心に国民主義の立場から政府の欧化主義を非難した。

※**加藤恒忠** かとうつねただ（1859～1923）
松山藩出身。司法省法学校中退後は、中江兆民の塾で学ぶ。1883年にフランスに留学してパリ法科大学で学び、帰国後は外務省に入省。フランス勤務となる。ベルギー公使などを務めたのち、政府と衝突して辞職。その後は衆議院議員、貴族院議員などを務めた。なお、同じ松山藩出身で日本騎兵の父と呼ばれる秋山好古とは古くから親しかった。

ある。原自身は騒動には加わっていなかったにもかかわらず、である。すでにのちに総理大臣を務めるリーダとしての資質を思わせる行動である。

「原の政治的運動の第一歩は、この賄騒動善後策に在ったらう」

と退学処分となった日南はそう記したが、その視点の鋭さにもまた驚かされる。そんな優秀な生徒たちをもってしても、学生側は敗北。数人に退学処分が下された。

それから4年後の明治16年には東京大学でも同じようなことがあり、予備門の生徒たちを含めて、実に※146人に退学が命じられている。

それにしても、なぜ、寄宿舎の食事はそれほど貧弱なものだったのか。それには、賄の業者と学校側の関係が影響していたらしい。

司法省法学校の例でいえば、政府は生徒に対して、1人1カ月4円50銭を賄費として支出し

総理大臣時代の原敬（左）と司法卿だった大木喬任（右）

※**大木司法卿**
佐賀藩出身の大木喬任（おおきたかとう）のこと。幕末は尊王論を唱えたが、藩主に受け容れられなかった。初代文部卿を務めた他、1873年には司法卿となり、神風連の乱や萩の乱で政府に歯向かった士族の司法的な処分に尽力した。温和で誠実な人柄だったと言われている。

※**146人に退学が命じられている**
のちに学生たちは復学するが、当初は学生たちが他の官立学校や公立私立の学校へ再入学することも禁じるほど、処罰は重かった。

ていた。それらがきちんと食事に使われていたならば、朝食にはパン・スープ・鶏卵、昼食には洋食が一品、そして晩飯には、魚付きの日本食と豪華なものになるはずだった。※

ところが、政府から支給された賄費の多くを、食事を提供する出入り業者がピンハネしており、校長は業者からキックバックを受けるといった不正が行われていた。その結果、食事が貧相なものになってしまったのである。

学校側に賄の業者を選択する権限があったために、そのような腐敗が生まれやすい環境になっていたようだ。賄征伐は、純粋に食事だけの不満ではなく、そうした学校の体質への不信感が募った結果だったといえるだろう。

時代劇の定番である「越後屋、お主も悪よのう」「いえいえ、お代官様ほどでは」というようなシーンが、明治時代になっても、繰り広げられていた。

※パン・スープ・鶏卵
パンもスープも明治に入って本格的に浸透したもの。現存する最古のパン屋は、1869年に創業した銀座の木村屋。スープも早い段階で商品化され、1873年に出されたスープの広告が残っている。鶏卵は江戸時代から食されてはいたが、現在と比べると高級食材で、一般的にはウズラや鴨の卵が食べられていた。鶏卵が一般化するのは明治20年代になってから。西洋種の鶏が輸入されてブームとなり、西洋料理の普及とともに浸透した。

20 空前のウサギブーム 間抜けな士族の商法

幕臣たちが先取りした「士族の商法」

「士族の商法」という言葉は、教科書でも出てくるため、よく知られている。

明治維新によって四民平等が謳われると、士族の特権は廃止。1876（明治9）年には、いわゆる秩禄処分が発布され、俸給も従来のように得られなくなった。

そこで、武士だった人たちも生活のために商いに手を出すのだが、慣れない商売なので、なかなかうまくいかない。そのことを揶揄して「士族の商法」という言葉が生まれた。

だが、実は「士族の商法」は、幕臣たちによっていち早く行われていた。

江戸城が無血開城され、慶喜が江戸に隠居する※と、田安亀之助、後の徳川家達が、徳川宗家の家督を継いだ。

家達が駿府藩主として与えられた領地は、わずか10分の1の70万石。約3万3400人

※慶喜が江戸に隠居
隠居後は水戸へ移って謹慎した後、移封が決まった徳川家とともに静岡へ移動。戊辰戦争終結によって謹慎が解かれたのちも、しばらくは写真撮影や油絵などの趣味に没頭しながら静岡で暮らした。1897年には東京の巣鴨に移り住み、のちに貴族院議員にもなっている。

にも上る、旗本や御家人など幕臣たちが、3つの道を示されたことはすでに書いた（56～62ページ参照）。

朝臣《ちょうしん》として新政府に所属したいという者はむしろ少なく、主家とともに駿河へ移住したいと考える者が多くいた。新政府は不人気だったのである。

さりとて、駿府藩の台所事情が厳しいのは、誰の目にも明らか。藩に迷惑をかけるくらいならば、と武士身分を捨てて、帰農や帰商、つまり、農業や商いを始めた者が600人くらいいたと言われている。これが「士族の商法」の先駆けとなる。

旧幕臣たちが始めた商売は、酒屋、米屋、古着屋、小間物屋などさまざまだったが、人気が高かったのが、汁粉屋※、団子屋、炭薪屋、古道具屋だった。

「素人鰻《しろうとうなぎ》」という落語の演目がある。武士が鰻屋を開いて悪戦苦闘する話だが、この武士が鰻屋の前に始めようとしたのが、やはりお汁粉屋で、柳家小三治《やなぎやこさんじ》が演じたときは、こんなふうに理由を武士に語らせている。

「何か商売をしようということになってな。それで実は、汁粉屋をやろうということに決まったんだ。奥がな、汁粉の砂糖の灰汁の抜き方くらいは心得ておるしな。それにしました、汁粉が好きだ。嬢もまた汁粉が好きだ。わしも汁粉が好きだからな」

それじゃあ家中で食っちまうじゃないか、とツッコミが入って笑いになる。落語はもちろんフィクションだが、当時の武士たちも、身近で、手短に始められるものを選んだとい

※汁粉屋
幕末には、江戸だけでなく京や大坂にも汁粉屋が屋台を引きながら営業していた。そのため、武士はもちろん、庶民にもなじみが深かった。

うことだろう。

しかし、当然のことながら、商売は簡単なものではない。ましてや、プライドが高い武士である。まず接客がうまくいかなかった。横柄だったり、そうかと思えば、バカ丁寧だったりと、その不自然さから元武士であることは、話せばすぐに分かってしまったという。

特権意識が抜けきらずに商う士族を風刺している（国会図書館所蔵）

それでも接客の問題だけならば、時間が解決してくれるかもしれないが、致命的なのは、商売の基本を理解していないことだった。

ある旧幕臣は、牛込神楽坂※で汁粉屋を始めた。むろんはじめての商売だが、これが非常に儲かった。どうしてこんなに儲かるのかと主人が不審に思い、家族会議を開いたところ、原材料として使っていた餅や米などは知行所から無料でもらっているものだからと、コストの計算に含めていなかったことが分かった。正確なコストを出そうとしたところだけ、まだマシのように思うが、その場にいたものは米の値段すら知らなかったというから、これでは商売を長く

※**牛込神楽坂**
神楽坂は、江戸時代には御家人や旗本の武家屋敷が建ち並ぶ地域だった。

続けるのは難しいだろう。

また「士族の商法」というと、飲食物や物の売買のイメージが強いが、金融業に乗り出した武士もいた。旧幕臣を父に持つ塚原渋柿園※という小説家がいるのだが、金貸しを始めた武士の妻から、こんなふうに話しかけられたという。

「塚原さん、商売は金を貸すのに限りますよ。お金貸しはいいものですよ。割のいい利を取って、手堅い証文を入れさせたうえに、このように毎日いろんな品物をもらいます。これを始めてから菓子に酒に鶏卵に鰹節に魚というものを買ったことはございませんよ。ほんといい商売！」

この武士の妻は、金を借りたいという人から、砂糖、酒、菓子などいろんなものを受け取る日々で、嬉しい悲鳴を上げていた。だが、肝心の貸した金がなかなか回収できなかった。ただ金を貸し付ければ、自動的に金利が支払われてくると勘違いしていたらしい。当然、商売は立ち行かなくなったようだ。

旧幕臣たちは、江戸城の外堀沿いにあたる四谷大横町、赤坂溜池、市ヶ谷、神楽坂下などに出店することが多かったが、赤字で閉店するケースが多かった。

その後、冒頭で書いた通り、明治政府は財政難を理由に、士族の土地・俸禄を取り上げて、商売へと転身を図らせた。だが、やはりそれもうまくいかず、士族への大きな不満へとつながった。もし、幕臣たちの失敗を教訓としていれば、士族への支援の仕方もまた

※塚原渋柿園　つかはらじゅうしえん
（1848～1917）
江戸生まれ。横浜毎日新聞、東京日日新聞に在籍。歴史小説の執筆や翻訳を手がけた。

違ったのかもしれない。

牛乳ブームをうけ東京の本郷につくられた牧場（『東京商工博覧絵』）

空前絶後の「ウサギブーム」

なんでこんなものが流行したのか。後から冷静に振り返ると、そう首をかしげてしまうのが「ブーム」というものである。

だが、それを踏まえても、奇異としか思えないのが、明治に流行った「ウサギブーム」である。

そもそもの発端は、1871（明治4）年、「皇室では1日2回牛乳を飲む」※と新聞で報道され、牛乳の存在が一気に知られるようになったこと。文明開化の真っただ中で、すべて欧米に見習おうとしていた頃だけに、牛乳が大ブームとなった。

そんな急速に高まった牛乳のニーズに飛びついたのが、食いぶちを探していた士族たちである。こぞって牧場経営に参入し、江戸の各所にあった武家地が、牧場へと早変わりした。

※皇室では1日2回牛乳を飲む
それまでは皇室で牛乳を飲むことは一般的ではなかったが、明治天皇は率先して飲んでいた。なお、1875年には、皇室用の畜産物を確保するために、大久保利通によって皇室専用の牧場が千葉県成田市につくられた。

兎ブームを揶揄する錦絵（「流行兎咄し」『東京市史稿 市外編』国会図書館所蔵）

だが、広大な土地を持つ士族ばかりではない。何か牛に代わって飼うものはないか、ということで、士族はこぞってウサギの飼育を始めたのである。なかには屋敷や家財道具を売ってまで、ウサギの飼育に乗り出した者までいたという。ウサギを飼育したところで、皮や肉のニーズもしれているというのに、誠にブームの力というのは、いつの時代も恐ろしい。

ウサギブームは明治4年ごろから始まり、翌年には※1羽600円と高値をつけるまでに高騰。「ウサギの売買は儲かる」と投機の対象となると、「士族の商法」から始まったウサギの売買は市井にまで広がり、なかには、白いウサギを柿色に染めて儲けようという不届き者まで現れた。ちなみに、白地に黒の斑点の「黒更紗」と呼ばれたウサギたちは、柿色のウサギよりさらに高値で取引されたという。

明治6年には、ウサギの売買のトラブルによって殺人事件が起きたり、娘を売ってまでウサギを買おうとする者がいたりと、まさに狂気の様相を呈した。

※1羽600円
当時は1円で米を30キロ買える時代だった。いかにウサギに高値がついていたかがわかる。

しかし、実のないブームがいつまでも続くはずがない。過熱するブームを問題視する声を受けて、東京府は1873（明治6）年12月、飼育するウサギ1羽あたり月1円の税金をかけることを決定。それをきっかけに、ウサギの値段は大暴落する。

『新聞雑誌』という新聞は「兎、跳ねすぎて課税さる」という見出しで、課税を報じた。その後、床の下に隠したウサギも見つかったら罰金というお達しが出るなど、ブームは完全に終わりを迎える。※

それ以降、ウサギは一転して邪魔者になり、空き地や土手には、捨てられたウサギたちがぴょんぴょん飛び跳ねる姿があった。それどころか、川に流されたり、殺されたりしたウサギも多くいたという。

「士族の商法」がいかにピントの外れたものだったのか。このウサギブームは、その象徴的な出来事だと言ってよいだろう。

※ブームは完全に終わりを迎える
課税後も懲りずに投機を続ける者もいたが、ブームはいつしか収束し、それに伴って、1879年にはウサギ税が廃止されている。

21 ニセ金だらけで大混乱した貨幣制度

安易に鋳造してニセ金を誘発

明治維新の名のもと、さまざまな改革が断行されたが、廃藩置県や地租改正などの影に隠れてあまり語られないのが、貨幣制度の改革である。

明治時代において、通貨の主役が貨幣から紙幣へと移り変わるという、大きなパラダイムシフトが行われた。にもかかわらずクローズアップされないのは、明治政府の数々の失策がそこにあったからではないだろうか。少なくとも「明治維新が大きな混乱もなく成功した」という誤解を定着させるのには、通貨制度の変革には触れないのが得策だったに違いない。それくらい、通貨にまつわる大きな混乱が明治時代の初期にはあった。

明治政府が発足時から、財政難に陥っていたことは、すでに述べた。

2年にわたる戊辰戦争に勝利できたのも、三井、小野、島田などの大両替商※たちのバッ

※大両替商
三井も島田も、いずれも呉服商の成功によって財をな

クアップがあったからこそ。新しい時代を担う新政府は、悲しいかな、豪商たちに頭が上がらなかった。これも前述したが、赤報隊の悲劇の背景にも、豪商たちによる年貢半減令への大反発があった（31〜34ページ参照）。

とはいえ、豪商たちにただペコペコしていれば、十分な資金が調達できたというわけではない。幕府側につく勢力を叩きのめし、戊辰戦争に完全勝利するためには、軍事費がまだまだ足りなかった。そのために、新政府は何をしたか。

それは、旧貨幣の鋳造である。

新しい時代を築くにあたって、理想は新貨幣を作ることだったが、そんな時間的余裕はない。教育面や法律面においても、明治政府が江戸幕府の政策を意外と踏襲していたことはすでに説明したが、実は、通貨の面でもそうだった。東京と大阪の2カ所で、江戸時代から使っている金貨、銀貨の鋳造を行い、無理矢理に財政を潤わせたのである。

金がなければ刷ればいい……とは、まるで子どもの発想だが、まだまだ幕府支持の諸藩がいることを考えれば、一刻も早く資金を調達して軍事活動を進めなければならなかった。

だが、当然、そのツケはやってくる。戊辰戦争には勝利したものの、発足したばかりの明治政府を「ニセ金問題」が襲ったのである。

新政府が鋳造した旧貨幣というのは、二分金、一分銀、一朱銀、さらに銅貨の天保通貨。

した豪商。三井は江戸に越後屋を開き、薄利多売で利益を上げた。島田は京で呉服商を営んで成功した後、大坂、江戸へも出店。幕府の為替を請け負うようになり、両替商などで富を増やした。小野は物産交易で財をなし、幕末には三井、島田とともに幕府の為替を請け負った。

そのなかでも二分金は、小判1両の2分の1の価値を持つため、ニセ金を作る際のターゲットになりやすかった。

そうでなくても、明治政府が金貨を粗製乱造したために、従来よりも金の含有量が低い二分金が出回ってしまっていた。そのうえに、ニセ金まで現れたのだから、通貨の価値は※急落したと言っていいだろう。

慌てたのは、明治政府である。1869（明治2）年、新政府が東京に移ると、氾濫するニセ金が外国公使団からも問題視※され、いよいよ対策を採らざるを得なくなった。

しかし、その対応がどうにもうまいものではなかった。ニセの二分金を持ってくれば本物と交換する……という方法は責められるべきものではないが、それを外国人のみに限ったのである。当時は外国人商人との通商が盛んになってきた頃であり、ニセ金をつかませて、信用を落とすことは絶対に避けたかった。

一方で、ニセ金をつかんだ日本人にはどう対応したかというと、金貨ではなく、紙の金、つまり、紙幣と交換を行った。同じニセ金の交換なのに、外国人と日本人とで異なる対応をしたのである。

政府の対応とは思えない滅茶苦茶さだが、「ニセ金は本物と換える」という外国人商人への対応にも、誤算があった。外国人商人と日本人商人が結託して、ニセ金を安く集めては、それを本物に換えるという詐欺が行われたのだ。

※**通貨の価値は急落**
さらに、幕末から明治初期にかけて戊辰戦争の戦費等を調達するために諸藩も質の低い貨幣を鋳造していたため、市場はニセ金であふれ、通貨の信頼が下がっていた。

※**外国公使団からも問題視**
特にイギリス公使パークスは、自国商人が打撃を受けていることを懸念し、アメリカとフランスに呼びかけて政府に改革を行うように圧力を加えた。

知能犯たちの犯罪を受けて、明治政府は１８６９（明治２）年７月、こんな布告を出した。
「外国人にニセ金を売り渡したものは厳罰に処する」
いかにも後手後手の対応で、政府の狼狽ぶりが透けて見える。このニセ金問題は、新しい貨幣制度が確立されるまで尾を引くことになった。

定着しなかった「太政官札」

外国人のニセ金には本物の二分金を交換した一方で、日本人にはどんな紙幣が渡されたか。その名を「太政官札《だじょうかんさつ》」といった。

前述したように、財政難から旧貨幣を鋳造したのが、慶応4年4月26日。それから約1カ月後の5月25日、日本初の全国通用貨幣として「太政官札」が太政官会計局※から発行された。発案者は、財政通で知られる福井藩士で、参与兼会計事務掛を務めた三岡八郎《みつおかはちろう》である。のちに改称した「由利公正《ゆりきみまさ》」の名のほうが、通りがいいかもしれない。

三岡は、福井藩で藩札を発行して領民た

太政官札（金一両）

※太政官会計局
大蔵省の前身。もとは京都の豪商に出資させてつくった金穀出納所。三井・小野・島田の豪商が、連名で１万両を納めている。

三岡八郎（由利公正）

ちに貸し付け、生糸生産などの資金にさせて藩の財政を改善した実績があった。それを日本全国でやろうと考えたのである。※太政官札を各藩1万石に1万両の割合で貸し付けて、藩にそれを3割増しで13年後に返すように迫った。

発行された太政官札は、十両、五両、一両、一部、一朱の5種類で、４８００万両分の紙幣が社会に放たれた。またもや、お金が足りなければ増やせばよいという単純な発想だったが、今回の太政官札は、今でいう国債のような役割を持ちながら貨幣でもある、という複雑さが人々を混乱させた。

また、旧貨幣を鋳造したときと大きく異なった点は「紙幣」であるということ。紙幣自体は、各藩が発行する「藩札」があったが、この激動の時代に、新たに生まれた紙幣がどれほどの価値を持つのか、また持ち続けるのかは全く不透明だった。

特に、手形による商いが普及していた大阪とは異なり、江戸を中心とした東国の商人たちにとってはまだまだ「お金＝小判」という認識が強かった。政府は本腰を入れて、太政官札を普及させようとしたが、得体の知れない紙幣を持ちたがる人はそうはいない。

発案者の三岡は３００万両にも及ぶ太政官札を東京の両替商たちに押し付けるが、思っ

※太政官札を各藩1万石に1万両の割合で貸し付けて　当然、価値の低い紙幣を押し付けられることに、各藩は反発。藩を代表する公議人たち（157ページ注参照）は天皇への奏聞を求めるほどだった。奏聞は適わなかったが、返済の一部を太政官札で納めることは認められた。

たような結果にはつながらなかった。信用がない紙幣※は当然のことながら敬遠され、値崩れが起きた。商人の間で太政官札は、額面より安い小判や分金と引き換えられるという有様だった。

思惑が外れた明治政府は、1869（明治2）年5月28日、太政官札の通用期限を5年にまで短縮。9月には「民部省札《みんぶしょうさつ》」という小額紙幣を発行するが、やはり粗悪だったため、偽造の問題がつきまとった。そのほかにも政府は新しい紙幣を乱発。そのうえ、民間の為替会社にも紙幣を発行させたため、混乱は収まるどころか、助長されるばかりだった。

結局、新政府が貨幣制度の統一を目指して、「新貨条例」を制定するのは、1871（明治4）年のこと。このときに初めて「円」という単位が誕生することになる。

とかく絶賛ばかりされる明治維新。

だが、生活の基盤ともいえる貨幣がこれほど混乱したのは、明治政府の場当たり的な対応が如実に表れた結果だといえるだろう。

※信用がない紙幣
庶民からしても、不安定な太政官札は信頼のおけないものだったらしく、「太政官」という語はすぐに政府の政策を揶揄するときに使われるようになった。それに対して政府は、「太政官」ではなく「金札」と呼ぶように、という布達を一部の村に出しているが、当然ながら根本的な解決にはならなかった。

22 欧米追従による失策で高利貸しが横行した

できれば関わりたくない「アイス」

来年の今月今夜のこの月を僕の涙で曇らせてみせる――。

明治30年から35年にかけて、爆発的人気を呼んだ新聞小説『金色夜叉』※。右記の名台詞とともに、熱海の名が全国的に有名になった。主人公の貫一と許嫁だったお宮の銅像は、熱海の観光名所にもなっている。

世の中に対して復讐を誓った貫一が選んだ仕事が、悪名高い高利貸しだ。この小説がなぜこれほどまで人気を呼んだのかといえば、当時の社会に高利貸しがそれだけはびこっていたからにほかならない。

※**『金色夜叉』**
明治時代を代表する作家尾崎紅葉が執筆した小説。1897〜1902年まで読売新聞紙上で連載された。作者の死去で未完となったが、弟子が続編を執筆している。会話文が言文一致で書かれているのが特徴。

『金色夜叉』では、高利貸しに「アイス」というルビがふられている。どういうことかお分かりになるだろうか。

高利貸しと同じく、※アイスも明治になって登場した。明治2年、町田房蔵《まちだふさぞう》が横浜の馬車通りの「氷水屋《こおりみずや》」で販売した「あいすくりん」が、日本で初めてのアイスクリームだと言われている。明治とはアイスクリームが定着した時代でもあった。そこで、「高利貸《こおりが》し＝氷菓子《こおりがし》＝高利貸《こうりがし》」というダジャレで、高利貸しのことを「アイス」と呼んでいた。それだけ両者は身近な存在だったのだろう。

熱海に立つ貫一お宮像。『金色夜叉』の一場面がモデル。許婚だったお宮に裏切られた貫一は、世の中に復讐しようと高利貸しになった。

『雑学 明治珍聞録』では、高利貸しにまつわるこんな逸話が紹介されている。

高利貸しを営む男が、同区に住む清太郎に100円貸したが、元金どころか利子すらも払わない。そこで男は利息代わりに、自分の妾、島海カネを預かってくれと言い出した。実は妾は妊娠しており、出産費用を清太郎に払わせようとしていた。

渋々引き受けた清太郎のもとで、無事にカネは

※アイスも明治になって登場した
日本人がアイスに初めて出会ったのは、幕末の頃。幕府の遣米使節団が1860年にアメリカで食べたのが最初だと言われている。一行はアメリカからもてなしをうけたときにアイスクリームに接した。それを食べた柳川当清は、「まことに美味なり」と日記に記している。

出産。清太郎がその費用を請求すると、男は「妾は利子の代わりに預けたのだから、そっちの負担が当然だ」と言うばかり。高利貸しの男はわずかな金さえも出そうとしない。

　これに怒ったのは、清太郎ではなくカネのほうである。男の家に押し掛けて、赤ん坊を家に放り投げて帰った。男も負けじとカネの兄の家にいき、赤ん坊を投げ込んだから、大悶着になり、警察沙汰にまでなったという。

　くだらないトラブルではあるが、こんな噂話がされるほど、高利貸しの存在は明治において一般的だった。

　しかし、高利貸し増加の背景に、明治政府による失策があったことはあまり知られていない。「明治維新によって近代化が図られた」というイメージが強すぎるため誤解されがちだが、明治時代にむしろ後退した政策もあった。それが、利息制限の撤廃である。

奈良時代からあった「利息制限」

　日本における利息の歴史は古く、奈良時代にまで遡る。７５７年、大宝律令に続く律令として「養老律令」※が施行されるが、そこで初めて「出挙《すいこ》」という用語が記された。

　出挙とは、稲や粟、もしくは財物を貸し付けて、利息を納める消費貸借のこと。この出挙が制度化されたのが、現在の利息制度である。

　出挙には、官が貸し付ける「公出挙《くすいこ》」と、私人が貸し付ける「私出挙《しすいこ》」の２種類があっ

※**養老律令**　ようろうりつりょう
藤原不比等らが大宝律令を修正した法典。７２０年に不比等が死去してからは中断されていたが、不比等の子孫で実力者の藤原仲麻呂が公布・施行したとされている。

た。それぞれ利息制限があり、公出挙は5割、私出挙は10割を上限とした。貧しい農民たちが高い利息に苦しめられたのは、言うまでもない。※口分田を売り払って夜逃げする者もいた。それでも奈良時代に、すでに利息制限があったことは、特筆すべきことだろう。

そして、江戸時代においては、１８４２（天保13）年、天保の改革を行った※水野越前守が、新たな利息制限を設けることになる。法定利率を月25両に１分、つまり年１割２分とした。この値は、現在の消費者金融の上限よりも低い水準だ。高利息に苦しむ民衆や旗本御家人、諸藩の人々の声を反映させた結果の改革だった。

しかし、こうして積み上げてきた利息制限を、明治政府は驚くべきことに撤廃してしまったのである。

利息制限の撤廃を提案したのは、※公議所刑法官判事試補の鈴木唯一である。鈴木は進歩的な議案を出すことで知られていたが、１８６９（明治２）年4月、「利息の定限を廃止すべきである」と公議所で提案した。その理由について、次のように語った。

「徳川期から存続した貸付制限利率は年12％だが、この定めた利息で賃借する者はまれであり、みんなこれより多く利率をつけている」

つまり、制限が建前だけになっているので、意味がないというのだ。さらに鈴木はこうも言った。

「もともと利子は時勢に応じて変動するのが自然である」

※**口分田**　くぶんでん
人民に支給された田。性別や身分によって支給面積は異なる。収穫高の約３％を税として徴収していた。

※**水野越前守**
（１７９４～１８５１）
水野忠邦のこと。肥前唐津藩藩主。のち浜松藩主に転封。改革によって綱紀粛正や物価の引き下げを狙った物価が、大名の反対を受けて失脚した。

※**公議所**　こうぎしょ
明治初期の立法機関。各藩から公議人が選定され、藩の立場から政策を諮問したが、立場としては政府の方が上だった。

この鈴木の提案は、賛成58票、反対177票、保留2票で、公議所議員たちが否決。いったんは却下されることになった。

だが、2年後、状況が変わる。明治4年1月、太政官の布告で、利息制限は、鈴木の提案どおりに、撤廃されることになったのである。

その背景には、先進諸国の自由主義経済学を取り入れようという背景があった。実際に、鈴木が公議所で提案を行った頃、フランスでは経済学者のジャック・テュルゴーが『貨幣貸付についての覚書』を発表して、利息制限法を批判。フランス革命後には廃止させている。また、イギリスでは、経済学者のジェレミ・ベンサム※が『高利貸の擁護』を著して、1854年にやはり利息制限法を撤廃へと追い込んだ。

そういう意味では、日本がそれに追従するのは、時代の流れに即しているといえるだろう。進歩的な鈴木らしい提案が、2年後にようやく理解された格好である。新政府が封建的な制度の打破に注力し、身分解放を推進させたことも、利息制限の撤廃を後押しすることになった。

だが、考えてほしい。イギリスとフランスは当時、産業革命の真っただ中である。産業資本が発達することを前提に、自由主義的改革が行われており、その一端が利息制限法の撤廃だった。

資本主義が未発達だった明治における日本の場合はどうなったたか。

※ジェレミ・ベンサム（1748～1832）
イギリスの裕福な家庭で育つ。幼い頃から神童の呼び声が高く、12歳でオックスフォード大学に入学している。幸福追求を社会や個人の目的とする功利主義を唱えた。功利主義は、利益の追求が幸福につながるとして、日本の近代化にも大きな影響を与えた。

利息制限が撤廃されて数年後の1875（明治8）年、世は深刻な経済危機※を迎えていた。それを受けて大隈重信は、金銭の貸し借りについて、法的整備に乗り出すことになる。高利貸の資本を排除して、殖産興業政策を推進させる方法を考えなければならなかった。

そのための政策の一つとして、大隈によって挙げられたのが、これだ。

「利息制限法の制定」

以前からあったものをわざわざなくしたというのに……。

利息制限がないことについては、庶民からも反発が上がっていた。それも無理はない。賃借しようにも、利率が年に2割のものもあれば、6割のものもある。利率がバラバラ過ぎて、これでは借りたくても借りることができない。利息制限がないことで、商業が発展することが難しくなっていたわけだ。そして、冒頭で述べたような、高利貸しがはびこることにもなったのである。

そのため、布告案が作られてから2年後の1877（明治10）年9月、太政官布告で利息制限法が定められた。結局、廃止したのは何だったと言いたくもなるが、明治政府のあらゆる場面での迷走ぶり、混迷ぶりを知れば、特に意外なことでもない。

手探り政府、ここに極まれり、である。

※深刻な経済危機
大量に発行した紙幣が市場にあふれていたものの、増えるのは輸入ばかりで、国際収支が悪化していた。また、士族は政府から補助金を受けて会社を設立したが、経験不足で失敗することが多く、政府の財政を逼迫していた。

23 経済に打撃！ 大隈の誤算と松方のやり過ぎ

見込み違いで紙幣を大量に破棄

大きな混乱もなく成し遂げられた……明治維新には、そんな誤解が付きまとうが、貨幣一つとってもいかにトラブルが多かったかはすでに書いた通りだ。

21項目で紹介したとおり、日本初の全国通用貨幣である「太政官札」が失敗に終わり、発案した三岡八郎（由利公正）はいったん政治の表舞台から姿を消す※。

三岡にかわって政府の財政担当となったのが、大隈重信《おおくましげのぶ》だ。会計官御用掛※となった大隈は「円《えん》・銭《せん》・厘《り》」という新貨幣を誕生させる。

新貨幣の特徴として、まず円形であることが挙げられる。従来の角形の紙幣は、角があり摩耗しやすく使いづらい。利便性を考えて、円形がとられた。

次に、数え方である。「1両」は「4分」であり、「16朱」でもあるのだが、こういった

※いったん政治の表舞台から姿を消す
明治政府は当初、三岡をかばい、大阪の造幣局専任にしようとしたが、大阪の商人から反発が上がって断念した。

四進法は計算が不便だ。十進法をとったほうがよいだろうとされた。

なお、「円」と名付けられた理由は諸説あるが、「円形だったから」という単純なものも、その一つだ。今でも私たちが使っている円い貨幣には、さまざまな意図や意味が込められているのである。

しかし、大隈にとって最も大きな課題は「ニセ金を作らせない」ということ。金銀の貨幣のために、国内の貴重な金・銀を使い果たすわけにはいかない。限りある金銀を大切に保有するには、紙幣の普及が急務だった。しかし、紙幣は偽造されやすい。太政官札の失敗が頭をよぎる。

今度こそ偽造させない――。そんな明治政府の強い気持ちがかたちになったのが、「明《めい》治《じ》通宝《つうほう》」である。

壮年期の大隈重信

明治政府は、日本在住の※北ドイツ連邦公使を通じて、ドイツの印刷会社であるドンドルフ社と関係を築いた。ドンドルフは当時、精密な紋様が刷り込まれたイタリア紙幣を印刷していたため、日本の紙幣もそこで製造してもらおうと考えたのである。

そうしてできた「明治通宝」は、表には、2

※**御用掛** ごようがかり　担当者の役職のこと。

※**北ドイツ連邦**　プロシアを中心に22カ国で構成された連邦。1867年に成立した。外交・軍事は、連邦議長であるプロイセン国王に帰属。1871年に成立するドイツ帝国の土台となった。

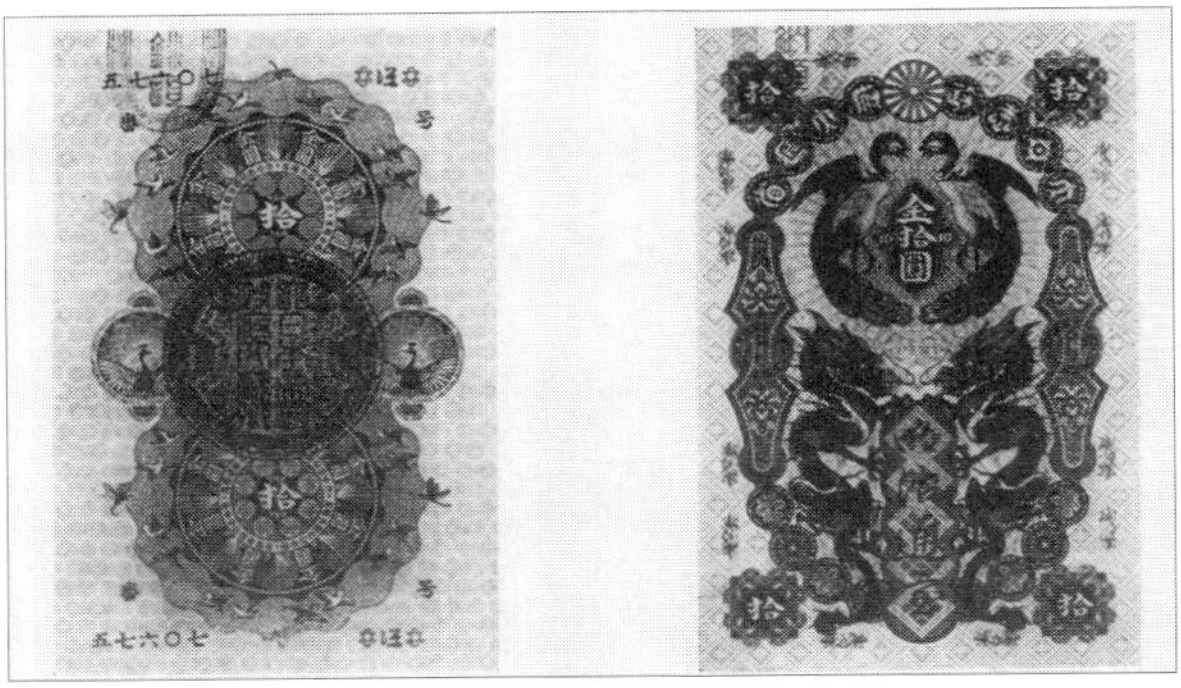

明治通宝の表（右）と裏（左）。鳳凰や龍、菊などで豪華に飾られている。
（『日本歴史写真帖 近古の巻』国会図書館所蔵）

頭の竜、2羽の鳳凰《ほうおう》、菊の紋章が、裏には、24羽の千鳥と6匹のトンボに、孔雀《くじゃく》が描かれていた。ここまで細緻な図柄ならば、偽造することはかなり難しそうである。

しかも、今回ばかりは明治政府の対応は慎重だった。ここから、さらに一部を手書きにすることで、偽造をより難しくしようとしたのだ。手書きで書き入れようとしたのは「明治通宝」という文字の部分である。

ところが、である。１８７１（明治４）年、ドイツから設立されたばかりの大蔵省紙幣寮※へ新札が送られてきたが、その数は７６００万枚以上。対して、集められた書家はたったの15人だった。全く書家の人数が足りていない。手書きで書き入れていくことなどできるはずもなく、20日で作業は中断。結局は木版で押すことになった。

あまりにも見込みが甘すぎるが、『お金から見た幕末維新』（渡辺房男）では、次のように事の顛末《てんまつ》が書かれている。

※**大蔵省紙幣寮**
紙幣の製造・発行・交換などを担当。設立の翌年には渋沢栄一が長官に就いた。

「15人の書家によってすでに書き込まれた札は5万2000枚に及んでいた。書家たちの渾身の努力も空しく、これらはすべて破棄処分となった。多額の国家予算を投入して製造した貨幣が官僚たちの見込み違いによって、紙くずと化したのだ。今なら、国家での野党側からの厳しい追及にただうな垂れるだけだったであろう」

誤算はそれだけではない。海外で印刷すれば、とにかくコストがかかる。また、西洋紙は破れやすいということも、実際に流通させてから明らかになった。結局は、ドイツから機械を購入して、和紙で印刷することになった。

さらに、あれだけニセ札対策に頭を悩ませたのに、明治通宝のニセ札が出回り始めてしまう。精微な図柄は真似できなくても、金額の部分を書き替えるという方法が横行したのである。金額に応じて紙幣のサイズを変えておけば防げる偽造方法だけに、悔やまれるところだろう。

見通しの甘い明治政府の体質が、ここでもまた露呈することになった。

自殺者も出た「松方デフレ」

そんなバタバタを経て発行された「明治通宝」。

破れやすいという問題や一部ではニセ札も出たものの、細密なデザインが人気を呼び、乱発された政府紙幣や藩札を統一する紙幣として、庶民の生活に浸透していく。

1873年に開業した第一国立銀行。政府は西南戦争の費用として国立銀行の紙幣を大量に利用した（『実写奠都五十年史』国会図書館所蔵）

そんななか、1877（明治10）年に、西郷隆盛が日本最大の内乱となる西南戦争を起こす。敗れた西郷が城山《しろやま》で自刃して幕を閉じるが、むしろ、戦争後のほうが庶民への影響は大きかった。

西南戦争では、4156万円もの戦費が必要となった。これは、1年分の国家予算に匹敵する額である。当然、そんな財政的な余裕があるはずもない。しかも、この時期は税金に頼ることもできなかった。農民一揆が西南戦争を盛り上げることを恐れて、政府は地租の税率を3％から2・5％に下げるという、大減税を行っていたからだ。

なんとか1500万円※は国内の銀行から借り入れたが、それでも4156万円には遠く及ばない。そこで政府は、自分たちが発行する明治通宝と、銀行が発行する国立銀行紙幣を利用して、何とか戦費を賄ったのである。

財政が苦しくなれば、お金を刷ればいい――。

戊辰戦争と同じことを、西南戦争でもまた繰り返した。紙幣を乱発すれば、当然、紙幣

※**1500万円は国内の銀行から借り入れた**　資金を用意したのは、華族が出資してできた第十五国立銀行。第十五国立銀行は、資本の多い旧大名を藩士から切り離すために、岩倉具視が主導して銀座につくった。開業したのは1877年5月で、資本金は1792万6100円。これは全国立銀行の資本金の47％以上を占めるほどの規模だった。

の価値は下がっていく。

ちなみに、紙幣には、金や銀の本位貨幣と交換が保証されている「兌換《だかん》紙幣」と、保証されていない「不換紙幣」がある。不換紙幣は、金や銀などと交換することはできないが、政府の信用があるために成立している貨幣である。私たちが使っているものも含めて、現在の先進国では「不換紙幣」を用いていることになる。

だが、当時はまだまだ国際的にも、※金本位制がとられていたため、「兌換紙幣」も発行しなければならない。そのため、政府が発行する明治通宝以外に、銀行から国立銀行紙幣を「兌換紙幣」として、1872（明治5）年から発行していた。

大蔵大輔時代の松方正義

ところが、西南戦争で両者を量産したため、国立銀行紙幣も、明治通宝と同じ「不換紙幣」となり、貨幣制度は大混乱をきたしてしまったのである。

紙幣の価値が下がる一方で、農作物の値段は高騰し、日本全国がインフレに見舞われた。このインフレの進行により公債相場も下落。受給者だった下級士族たちの生活が一気に苦しくなった。

このインフレ対策のために、松方正義が大蔵

※**金本位制**
金本位制のもとでは、保有する金と同額の紙幣を発行する。そのため通貨の量が安定するというメリットがあるものの、金がなければ紙幣を刷れないし、逆に金があれば紙幣を減らすことができないため、景気のコントロールが難しい。日本では、日清戦争後の1897年に導入された。

卿に就任する。「明治十四年の政変」[※]によって大隈が失脚したため、代わりに表舞台に出てきたのが、松方だった。地租改正がいかに農民の生活を苦しめたかはすでに書いたが、松方はその地租改正を策定したことでも知られている。

松方はインフレから脱するために、紙幣の整理を行ったほか、緊縮財政をとって軍事費以外の出費を極力抑えた。さらに、酒税やたばこ税の税率をアップさせ、売薬印紙税、株式取引所仲買人税、醤油・菓子税を新設。徹底して歳入を増やして、歳出を減らすことで、インフレの解消に全力を尽くした。

だが、松方は、あまりにも極端にやり過ぎてしまった。今度は物価の下落、つまり、深刻なデフレを引き起こしてしまったのである。

政府のデフレ政策の影響で、米をはじめとする農産物価格は暴落。農村部は壊滅状態となり、秋田県、滋賀県、和歌山県では餓死者も出た。また、工場の賃金は半分以下になり、無職者が増加。経済が停滞する中、自ら命を絶つ者も少なくなかった。

地租改正で農民を苦しめた松方が数年後、今度はデフレ経済によって農民を苦しめることになったとは何とも皮肉である。松方の緊縮財政について「一定の効果を上げた」と評価する声も多いが、その犠牲はあまり大きかったといえるだろう。

※明治十四年の政変
英米流の立憲制度の早期導入を唱えていた大隈が、政府中枢から締め出された事件。自由民権派に通じて政府への陰謀を企てていると して、10月11日に御前会議で罷免が決定し、大隈派の官吏とともに政府を去った。それ以降、伊藤博文、井上馨をはじめとした薩長閥が立憲体制樹立までの中心となる。

第五章

明治政府の裏の顔

24 政敵を非民主的に処刑した大久保利通

江戸時代の刑法はすぐには廃止されなかった

磔刑《たっけい》、むち打ち、さらし首……。

江戸時代までの日本では、残酷で多様な刑罰が行われていた。

なかでも、残酷なのが、さらし首である。斬首したあと、刎《は》ねた首を台にのせて、3日2晩、人目にさらす。ネットで画像を見ることはできるが、おすすめはしない。大量のさらし首が並んでいる写真もあるからだ。

近代化を目指した明治政府によって、それらの残忍な刑罰※が禁止されたと思われがちだが、それは誤解である。たしかに、明治時代になると、武士社会で育まれた武家法は廃止され、天皇中心の律令的な法制度が敷かれた。

しかし、江戸時代から行われていた残酷な刑罰は、明治維新後もしばらく引き継がれて

※残忍な刑罰
江戸時代初期は、戦国時代の荒々しさが残っていたため、罪人の釜煎りや試し切りが行われていた。ただし、武士が官僚化していくこと

いたのである。そのうえ、それらの刑罰が明確に禁止されたのちも、政府のトップ大久保利通がそれを破り、残虐なさらし首の刑を行っているのだ。

華族や士族は刑罰が軽かった

大久保の蛮行について触れる前に、明治初期の法制度の移り変わりを押さえておこう。

武家政治が終わり、法の近代化の必要性は明治政府も十分に認識していたに違いないが、なにしろヨーロッパの法制度に見習おうにも、立案できる人材がいない。そのため、天皇が関与しなかった武家法を廃したうえで、※天皇中心の時代に敷かれた律令法が一時的に活用されることになる。その律令法は、3つの段階を経て、変化していく。

1868（明治元）年、明治政府最初の刑法典「仮刑律《かりけいりつ》」が制定された。これは政権運営にあたって、いわば急場をしのぐために作られたものだ。一般に公開されることもなかったが、中央から指令を発する際にはこれに準拠した。内容については、唐・明・清などの中国法や大宝律令《たいほうりつりょう》の影響が強く、笞《ち》（細い棒で尻を打つ）、杖《じょう》（太い棒で尻を打つ）、流《る》（流刑）、死《し》（絞首刑・斬首刑）の4種類の刑罰が認められていた。

一般に公開され、施行された法律としては、1870（明治3）年の「新律綱領《しんりつこうりょう》」が最初となる。だが、この「新律綱領」もやはり、中国の刑法典や江戸時代の法をもとにして作成したもので、先に挙げた四刑に「徒《ず》」（労役）を加えた五刑を定めている。

で残忍な刑罰は見直されるようになり、刑罰の減刑化が進行。徳川吉宗の時代には「公事方御定書」が定められ、刑罰の基準がつくられた。

※天皇中心の時代に敷かれた律令法　律は現在の刑法、令は行政法に相当する。本文で出てくる大宝律令は、701年に日本で本格的に編纂された律令のこと。なお、律令は天皇を頂点としているが、古代においても、実質的には有力豪族が政務を担っており、律令制もそうした有力者の官僚制として機能していた。

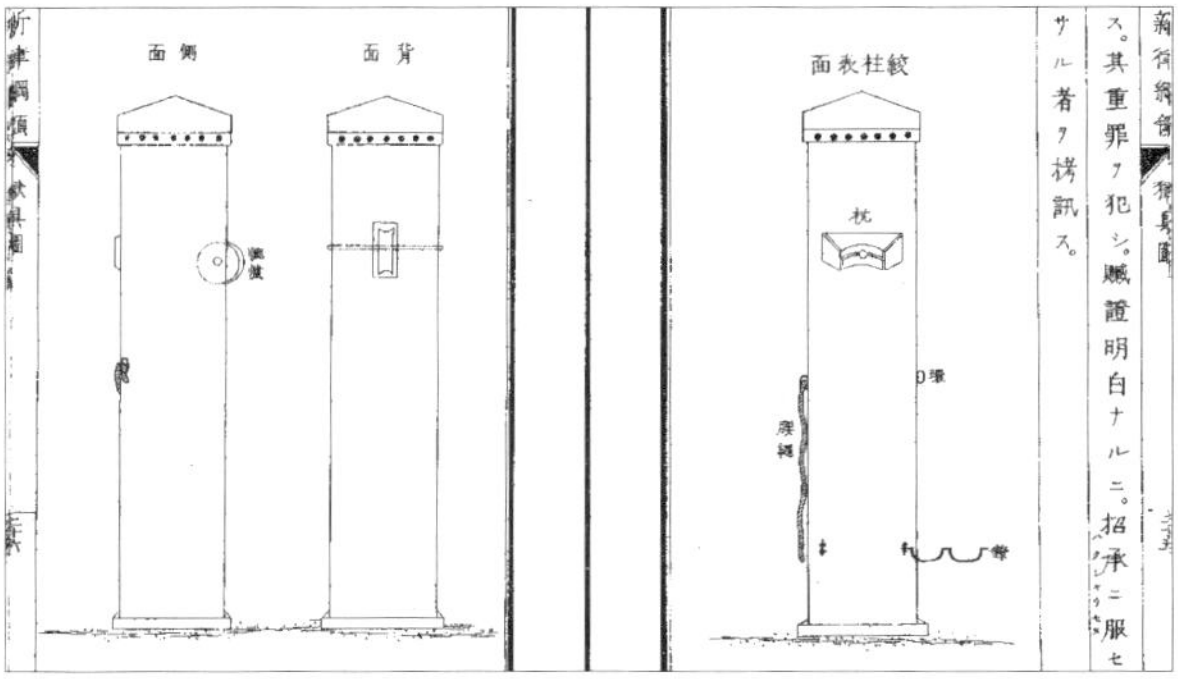

新律綱領の規定下において絞首刑に使われた「絞柱」の図
（『新律綱領』国会図書館所蔵）

それでいて、華族・士族に対しては、特別に寛大な刑罰（閏刑※）を定めるという、身分による差別待遇を設けていた。さらに復讐を認めるなど、近代国家の法律とはとても思えないようなシロモノだった。

そんななか、1873（明治6）年、「改定律《かいていりつ》例《れい》」が制定される。「新律綱領」を補足するという位置づけではあったが、これにより従来の五刑制は廃止。笞・杖・徒・流の4種を改めて、すべて懲役としている。懲役・禁固は、当時ヨーロッパで普及し始めていた近代的な刑種であり、それを取り入れたかたちとなった。初めてヨーロッパの法制の影響を受けたのが、この「改定律例」ということになる。

だが、身分による差別待遇は変わらずあり、画期的に近代化がなされるのは、1880（明治13）年の旧刑法まで待たなければならない。

生活面では欧米化が進む一方で、刑罰については、旧態依然としたものが横行していた

※**閏刑**　じゅんけい
律令時代から定められていた刑罰で、謹慎や閉門、禁錮などが言い渡されることになっていた。

のである。

復讐が認められていた！

前述したとおり、明治維新後、ただちに近代的な刑法が敷かれたわけではなく、前時代的な律令法として、「仮刑律→新律綱領→改定律例」が制定された。

律令法の大きな特徴の一つが、被害者の立場が重視されている点である。それが顕著に表れているのが「復讐」の容認だ。

とはいえ、制限がなかったわけではない。「新律綱領」では、祖父母、父母が殺害されたときの仇討ちを犯罪とし、「笞五十」、つまり、細い棒で尻を50回叩かれることになっていた。

ただし、次の条件を満たしていた場合は、不問とされていた。

①即時に殺害を果たした場合
②あらかじめ官※に届けていた場合

これでは事実上、復讐を容認しているのと変わらないだろう。

ちなみに、江戸時代は仇討ちが当たり前だったと誤解されがちだが、実は当時から、幕

※官に届けていた場合
1873年には官に届け出ても処罰されることになったが、①の即時殺害の場合は不問とされた。

府が決めたルールがあり、届け出が必要とされていた。つまり、新政府は江戸時代からの刑罰をそのまま引き継いだということだ。

さらに、祖父母や父母が暴行を受けたときに相手方へ復讐した際も、刑罰は減量されたし、妻や妾が不倫していた場合も、発見してすぐにならば、不倫相手や裏切った妻および妾を殺害する行為を不問としていた。

そんな復讐行為に疑問を持ったのが、司法卿の江藤新平《えとうしんぺい》である。23歳で『図海策《とかいさく》』という長文の開国論を書いた江藤にとって、明治の法制度は、いかにも時代遅れなものだったに違いない。

維新後、江藤は佐賀藩藩主の鍋島直大※とともに上京して政府内で頭角を現す。1869（明治2）年には、現在の内閣官房長官や法制局長官にあたる「中弁《ちゅうべん》」に就任。さらに翌年、太政官に制度局が設置されると、民法の編纂にもあたった。

1872（明治5）年、初代司法卿に就任した江藤は、フランスの法律を参考に司法改革に取り組んだ。全国の裁判事務を司法省のもとに統一し、司法省裁判所を開設。迅速な民事裁判と冤罪を出さない刑事裁判を目指し、人権擁護の観点から、裁判制度の組織化と近代化に尽力した。

そのうちの一つが、仇討ちの禁止である。

江藤は、復讐したいという気持ちに一定の理解を示しながらも「殺人者は必ず逮捕する

※鍋島直大　なべしまなおひろ（1846〜1921）幕末は藩政改革によって藩兵を洋式化。維新後は議定となる。その後はイギリスに留学して外交畑を歩み、国会開設後は貴族院議員となった。

べきで、罪を逃れるべきではない」「処刑を個人に許せば社会が混乱し、国が持つ司法権の侵害になる」と述べた。

また、復讐による負の連鎖についても、江藤は言及している。親族の復讐にとらわれて、人生を棒に振るものもいれば、復讐されて、さらにその復讐をしようとする……という具合に、永遠に復讐が続くこともあると江藤は説く。

そこで、翌年の1873（明治6）年2月7日、太政官布告第37号で、「コレニ依テ復讐厳禁」とされることになった。ちなみに、拷問による自白を無罪にしたのも、江藤である。

時間はかかったが、明治政府はきちんと優秀な人材を適所に配置し、近代化を図っていたじゃないか――。

そう考える人もいるかもしれないが、この江藤こそが、大久保に残虐な方法で処刑される、その人であった。

司法の近代化に努めた江藤新平。征韓論争後は民権派として活躍（国会図書館所蔵）

さらし首にしてあざ笑う

江藤と大久保の仲は、もともと悪かったわけではない。岩倉具視宛の手紙では、「江東……はしきりに憤発にて、たとい面扶持※にて

※**面扶持** つらぶち　家族の人数に応じて支給されていた米。江戸時代、身分が低い武士は面扶持が少なくなかった。

も十分尽力仕るとの事に御坐候《ござ》」と、司法改革への熱意に、かつては感謝すらしていた。

だが、江藤の精力的な働きぶりは、大久保の想像を超えていた。また、大久保は不平等条約の解消を目指して岩倉使節団として外遊したが、望むような結果は残せず、実績も乏しかった。それだけに、自分が留守の間に、急速に江藤が改革を推し進めたことが、我慢ならなかったようだ。

また、大久保は欧米への外遊を通じて、アメリカやフランスの制度は日本からかけ離れており、ドイツの富国強兵、殖産興業こそが、日本が見習うべき道だと実感した。フランスを見習い、民権主義を浸透させようとしている江藤とは、相いれなかったのである。

そんな江藤の運命を変えたのが、1873（明治6）年9月に起きた、「明治六年の政変」である。この年、西郷隆盛を朝鮮へ使節派遣するか否かで政府内部に軋轢が生じた。結果、「征韓論」を支持した西郷隆盛、副島種臣※、板垣退助※、後藤象二郎※など、当時の大臣クラスにあたる参議の過半数が辞職。新平も辞表を提出した。実権を握ったのは、征韓論に反対した大久保や岩倉具視らである。

征韓論を巡っては、大久保は弁の立つ江藤に、公衆の面前で言い負かされたこともあった。結果的には大久保が政権に残り、江藤が去ったわけだが、プライドの高い大久保にとっては、屈辱的だったに違いない。

この「明治六年の政変」によって西郷らが下野したことで、不平士族たちの不満はピー

※副島種臣　そえじまたねおみ（1828～1905）佐賀藩出身。父は藩校で国学を教える教授。維新後は福岡孝弟とともに政府の組織法などを定めた政体書を作成。1871年には外務卿に就任した。

※板垣退助　いたがきたいすけ（1837～1919）土佐藩出身。下野したのち は自由民権運動の旗手として活動し、庶民から人気を集めた。

クに達し、江藤の出身である佐賀藩では、憂国党《ゆうこくとう》という士族集団が勢力を拡大する。またそれに対抗する征韓党《せいかんとう》のほか、中立党も生まれて、佐賀藩の内部は混沌を極めていた。

故郷の混乱を抑えるために江藤は帰郷するが、佐賀藩からの一番の出世頭が戻ってきたことに、士族たちはかえって勢いづいてしまう。江藤は「佐賀の乱」の指導者として祭り上げられてしまうのだが、そのチャンスを大久保が見逃すはずがなかった。

1874（明治7）年、佐賀の乱の鎮圧にあたって全権を得た大久保は、江藤自身が作り上げた指名手配制度を用いて、高知県内で江藤をあっさり捕獲。東京での裁判を望んだ江藤の希望をはねつけて、佐賀に護送した。

江藤を容赦なく処刑した大久保利通

そして、裁判ではろくに審議も行わずに、「斬首のうえに、梟首《きょうしゅ》（さらし首）」という刑が確定する。すでに禁じられたはずの残酷な刑罰も、大久保の力を持ってすれば、復活させるのはたやすいこと。江藤の首は無残に晒されることになった。

そもそも、梟首は、斬刑に処せられた人の首を晒場《さらしば》の獄門台《ごくもんだい》に五寸釘で刺し留め、三日二夜の間、人目にさらすという残酷な刑罰で、徳川時代ですら「重い破廉恥罪」に限られていた。

※**後藤象二郎** ごとうしょうじろう（1838～1897）
土佐藩出身。前藩主山内豊信を説得して大政奉還の建白を幕府に提出。維新後は参与や大阪府知事、左院議長などを務めた。下野後は自由民権運動に参加するが、政府に誘われると活動から離れ、大臣などに就いている。

強盗殺人や尊属殺人、多数で有夫の女を姦した主犯などに科せられたのが、梟首である。それを課せられたことの屈辱は、江藤自身が一番感じていたはずだ。ちなみに、明治7年に梟首に処せられた者は、江藤の他に男女あわせて13人もいたという。禁止とは名ばかりで、野蛮な刑罰は横行していたのである。

江藤は法廷での発言も許されず、「私は……！」と悲痛な声を上げたのを最後に、その日のうちに処刑へと向かわされた。

大久保が次のような日記を書いたのは、有名なエピソードだ。

江藤、醜躰《しゅうたい》、笑止なり

国家にとって有益な人物であっても、気に食わなければ、さらし首※――。

近代国家であることを欧米にアピールすることが、明治維新の目的であることは散々述べてきたが、『江藤新平と明治維新』で、鈴木鶴子は次のように書いている。

「大久保が行った、元参議江藤新平に対する野蛮な裁判、刑執行が、西欧諸国の日本に対する評価を、急速に下落させた」

日本の伝統的な生活をかなぐり捨ててまで西欧化を目指したが、政権の中枢にいる人物がこんなことをしていては、欧米諸国に相手にされるわけもなかった。

※**気に食わなければ**
さらに大久保は、江藤のさらし首の写真を撮らせ、江藤の妾の芸者が働く新橋に写真をばらまいたという。

25 維新の三傑死す！俗物だらけの後継者

贅沢三昧だった大隈重信

西南戦争で西郷隆盛が城山で自刃してから約8カ月後の1878（明治11）年5月14日。明治政府の中枢に居続けた大久保利通が、馬車で出勤しているときに、赤坂紀尾井坂《きおいざか》にて、石川県の士族、島田一良《しまだいちろう》らの襲撃を受けて命を落とす。「紀尾井坂の変」と呼ばれる暗殺事件である。

その前年には木戸孝允※が病死しているため、西郷と大久保が亡くなったことで、「維新の三傑」はすべてこの世から去ったことになる。

新たなリーダーとしては、大隈重信、伊藤博文、井上馨《かおる》、黒田清隆《くろだきよたか》などの名が世間では挙げられていた。だが、本来ならば、大久保の右腕として本命であるはずの大隈については、リーダーとしての資質を問う声が上がっていたようだ。

※木戸孝允が病死
木戸は岩倉使節団による西欧視察のあとから体調を崩すようになり、政務に参加できないこともしばしばあった。廃刀令をめぐって保守的な態度をとると、大久保と対立。政府内でも孤立した。西郷が反乱を起こすと大久保や伊藤らと征討令を出すが、戦争中の5月に病死した。

そんな大隈を、親友である五代友厚※は案じていた。連続テレビ小説『あさが来た』の登場人物としてお茶の間での知名度が一気に上がった五代だが、彼は大隈の欠点を五箇条にして指摘したことでも知られている。それが次の五つだ。

「愚説愚論でも、きちんと最後まで聞いてやれ」

「自分より地位の低い者が自分と同じ意見なら、その人の意見として採用せよ。手柄は部下に譲れ」

「頭にきて大声で怒れば、信望を失う」

「事務上の決断は、部下の話が煮詰まってからせよ」

「自分が嫌っている人とも積極的に交際しろ」

裏を返せば、大隈がいかに専制的な振る舞いをしていたかがわかるというものだが、こんな助言ができるほどの深い間柄だったから、五代の大隈への期待は高かった。大久保の後継者には、大隈の名がまず上がるべきだと考え、五代は次のようにも書いた。

「大隈大蔵卿は当時参議の上席に列して、しかも凡庸の人にもあらず。その実権は、すなわち同君に帰せらるるは順序なるべしと」

だが、この大隈の「凡庸ではない」部分が、政治以外の私生活でも発揮されていたことが問題視された。五代の配下にいた森山茂は、次のように大隈を批判した。

「世間の評を以てすれば、大隈公の華奢は、王后新王といえども敢えて及ばず、家屋の美

※五代友厚 ごだいともあつ（1836～1885）薩摩藩出身。長崎の海軍伝習所で学んだのち、藩命で上海に渡って武器や汽船を購入。維新後は実業界に転じ、大阪を拠点に富国の柱となる鉄道事業や鉱山開発などに着手した。1881年には、北海道開拓史官有物払下げ事件（195ページ注参照）により、非難されている。

は我邦《わがくに》未曽有《みぞう》の仕立にて、すでに壁に珊瑚《さんご》を塗り込み、座に錦繍※を連らね、実に驚歎《きょうたん》せしむるばかりなりと」

大隈が王侯貴族のように贅沢をしている……という評判が広まっていたようだ。それもそのはず。大隈は築地で5000石取りの旗本の邸宅に住み、50人ほどの青年食客を抱えていた。この大邸宅は「築地梁山泊※」と呼ばれ、伊藤や井上も、この梁山泊で連日連夜、宴に参加して議論に花を咲かせていた。

家だけではなく、大隈は白馬にまたがって太政官に通うなど、自ら目立つがごとく、贅沢な振る舞いをしていた。それでも、大久保という後ろ盾がいたころは表立って批判はされなかったが、大久保が殺されると、その贅沢ぶりが際立って語られるようになってしまった。

大隈の欠点を指摘した五代友厚

ちなみに、大隈の振る舞いに最も眉をひそめていたのは、西郷である。西郷は贅沢を嫌い、馬車にすら乗らなかったという。西郷が問題の多い人物だったことはすでに書いたが、私腹を肥やさなかったという意味では、西郷以上の政治家は見当たらない。また、大久保も政府のために私財を投じ、死後は借金が残ったほどだっ

※**錦繍**　きんしゅう
立派な衣装のこと。

※**梁山泊**　りょうざんぱく
中国にあった沼沢。伝奇小説『水滸伝』でここに豪傑たちが集ったという記録があることから、英雄や野心家が集うという意味で使われるようになった。

た。贅沢を見せびらかす大隈とは、器がまるで違ったのである。

結局、大隈は財政上の失策（160～163ページ参照）と「明治十四年の政変」※によって政権中枢から追放され、しばらく下野することとなった。

「妻殺し」を疑われた黒田清隆

大隈が失脚するなかで、伊藤博文は大久保亡きあとの後継者として政権の中枢を取り仕切り、1885（明治18）年に初代内閣総理大臣となった。

だが、伊藤は明治天皇にたしなめられるほどの女好きで、週刊誌の醜聞の対象にもなった。初代総理大臣でありながら、西郷や大久保のように偉人として語られないのは、当然のことだろう。

また、盟友として伊藤を総理大臣に推した井上馨《かおる》は、外務大臣や大蔵大臣などを歴任。実力者ではあったが、条約改正には失敗しているし、財閥※との癒着が顕著だった。岩倉使節団を見送ったときの宴では、西郷隆盛から「三井の番頭さん、一杯」と皮肉を言われて、杯を突き付けられるなど、完全にバカにされていた。

では、元薩摩藩士で、戊辰戦争や西南戦争でも活躍した黒田清隆《きよたか》はどうだったかといえば、とんでもない酒乱で、いくつもトラブルを起こしている。

黒田は1870（明治3）年以降、北海道の開拓使次官や長官を務めた。在任中のある

※明治十四年の政変
国会開設をめぐって起きた政府内の対立。166ページ注を参照。

※財閥との癒着
実際、井上と財閥との関係は現在進行形で続いていた。財政政策で江藤らと揉めて1873年に一時政府を離れると、井上は実業界に身を寄せた。三井を背景に先収会社を設立し、貿易業を営もうとしていたため

日、商船の大砲で岩礁を射撃しようとしたが、酒を飲んでいたために失敗。誤射して住民を殺してしまっている。示談金で治めたというが、もはや「問題児」などという表現で許される行為ではない。

また、1878（明治11）年、大久保が殺される数日前のこと。

黒田は、肺病を患っていた妻※を亡くすが、そのことで妙な噂が立った。黒田が泥酔したあげくに、出迎えが遅いことに腹を立てて、妻を斬り殺したというのだ。真相は分からないが、それほど黒田の酒癖の悪さは有名だったということである。

この噂は風刺画にも描かれて世間の騒ぎとなり、黒田はやむなく辞表を提出。それでも批判は止まず、伊藤や大隈は黒田の刑事処分を大久保に迫った。

妻殺しを疑われた黒日清隆

しかし結局、大久保は黒田をかばい、処分をせずに辞表も撤回させている。その数日後に大久保は暗殺されるが、実は、この悲劇は黒田の事件と無関係ではなかった。

大久保を暗殺した島田らが携えた斬奸状《ざんかんじょう》には、大久保による専制政治への批判が綴られており、その一例として黒田の事件を不問にしたことも挙げられていたのだ。暗殺されたタイミングか

だ。すぐに政界に復帰したため閉鎖しようとしたが、三井が希望して継承することになった。これがのちに現在の三井物産となる。

※妻
清（きよ）という名で、旗本の娘。葬儀には大臣や皇族代理も参列した。政府内で黒田が高い地位にいたことがわかる。

らしても、黒田の事件への処分に対する不満が、大久保暗殺の直接的なきっかけになったのかもしれない。自分のせいで大久保が殺されたのだと知ると、黒田は慟哭《どうこく》したという。

しかし、これほどの騒ぎを起こしながらも、黒田は1888（明治21）年に伊藤のあとを継いで、第2代内閣総理大臣に就任。全く政治とは常に移ろい、何が起こるかわからないものである。ただ、酒癖の悪さだけは、何も変わらなかった。

黒田内閣は、※条約改正失敗の責任をとるかたちで退陣した。すると黒田は、政敵だった井上馨の自宅に、酔っぱらったまま参上。本人が不在でもおかまいなしに乱入して、「井上は国賊なり、殺しに来た」と大声をあげて暴れまわったという。どう考えても滅茶苦茶である。その後、黒田は影響力を失い、表舞台から去っている。

明治維新を経ても、世情は安定するどころか、人の上に立つリーダーが率先して、風紀を乱していた。明治とはそんな時代だったのである。

※条約改正失敗
大隈重信が外相となって交渉を進め、アメリカ・ドイツ・ロシアと改正条約に調印したが、外国人判事を認めていたことがイギリス誌の『タイムズ』により発覚すると、反対が続出。議論は紛糾したが、大隈が国粋主義者に爆弾で襲われ右足を失ってしまう。これによって条約改正交渉の延期が決まり、黒田も退陣した。

26 酒と西洋文化を愛した明治天皇の素顔

机の上にある酒を飲み干した

豪快で懐が深い西郷隆盛、厳粛で実務に長けた大久保利通、※いつも冷静で慎重な木戸孝允……。

実像は脇に置いておいて、激動の明治時代においては、活躍した人物のキャラクターも濃く、さまざまなイメージを持たれている。そんななかで「明治天皇」の人物像は……と考えると、なかなか頭に思い浮かびにくい。

肖像画としては、剣を握った軍服姿を思い浮かべる人がほとんどではないだろうか。威厳にあふれて、自分にも他人にも厳しい人物。そんなふうに思われがちである。少なくとも、とっつきやすいイメージではないことは確かだ。

※いつも冷静で慎重
大隈重信は、木戸のことを大久保と並ぶ「二大英傑」と評しつつも、「神経質で、随分小さいことを心配していたようだ」とも述べている（佐々木克 監修『大久保利通』）。

だが、実際の明治天皇は陽気な性格で、厳粛なイメージとはかけ離れていたようだ。

明治天皇はワイワイと賑やかにお酒を飲むのが好きで、若い頃は臣下と毎晩のように酒を飲んでいた。日本酒を愛飲し、テーブルの上の酒がなくなるまで席を離れることはなく、深夜から明け方まで飲むこともあったという。

大酒飲みと言えば、黒田清隆である。その暴れん坊ぶりは１８０～１８２ページで書いた通りだが、のちに大正天皇となる皇太子の御内宴※においても、天皇皇后の前で、黒田はやはり泥酔。同席していた旧幕臣の榎本武揚を指さして、黒田はこう言って騒いだ。

「陛下、この席に賊がおります。賊がおる。賊がおる」

そんな失礼な黒田を放置して宴会は続いたというから、明治天皇はそこまで厳粛な性格ではなかったのだろう。

何より自身が大酒飲みだったから、黒田にも寛容だったのかもしれない。それでいて、お酒に強いというわけではなく、明治天皇は酔いつぶれて、側近に抱えられながら帰宅することもしばしばあった。

文部省が雇っていたドイツ人医師に「ワインのほうが体によい」と言われてからは、ワインもよく飲み、特にシャンパンがお気に入りだった。２本を１人で空けてしまったこともあったくらいだ。

その飲酒癖は皇后の悩みの種でもあった。皇后が詠んだこんな短歌のなかにも、それは

※**御内宴**《ごないえん》
皇太子を立てる儀式のあとに開かれた宴会のこと。

表れている。

明治天皇の御真影（左）と昭憲皇后の御真影（右）

花の春　紅葉の秋の盃も　ほとほどにこそ汲ままほしけれ

お酒はほどほどに……と皇后は心配していたわけだが、その皇后を明治天皇は「天狗さん」と呼んでからかっていたという。皇后の鼻筋が通っていることからつけられたあだ名だったが、酒を飲むといつも皇后を振り返って「な、天狗さん」と話しかけ、場を盛り上げた。

※火事を恐れて電気を使うことが好きではなかった明治天皇は、ロウソクをよく使った。その火をつけたり消したりして、女官たちを困らせて、からかうこともあったという。これではまるで、親戚に一人はいそうな、気の良いおじさんである。

※火事を恐れて　1873年5月、深夜に皇居が火事になり、3時間近く炎上するという事件が起きた。天皇や皇后、三種の神器は無事だったが、延焼範囲は広く、財政的なダメージは大きかった。天皇は赤坂離宮を仮皇居として執務を担ったが、新皇居はすぐには着工できず、完成したのは、10年以上後の1889年だった。

だが、どれだけお酒を飲んでも、明治天皇は、朝5時と誰よりも早く起床して、御学問所に現れたという。明治天皇に威厳があるというイメージが強いのは、そんな自分に厳しい一面が、周囲の印象に強く残っていたからかもしれない。

西洋化にも柔軟に対応

明治天皇の父にあたる孝明《こうめい》天皇が、西洋人を極端なほどに嫌っていたのは有名な話である。終始、攘夷を望んでいた孝明天皇は、倒幕は望んでいなかったが、結果的に攘夷を掲げる長州、薩摩藩を勢いづけることになった。

だが、明治天皇はそんな父親の影響を受けず、むしろ反面教師としていたのかもしれない。即位して1年経つか経たないかのうちに、明治天皇は外国人と接見。外国人と食事をすることも苦ではなく、食事会にも積極的に出席していた。

前述した明治天皇の肖像画も、イタリア人の画家エドアルド・キヨッソーネ※が描いたものである。恰好が西洋風の軍服であることからも、明治天皇が開明的な性格だったことが読み取れる。

なぜ明治天皇はここまで柔軟な対応をとれたのか。その理由の一つに、大久保の影響をあげることができる。

明治維新後、あらゆる分野での西欧化が図られたが、民衆に完全に浸透するには、時間

※エドアルド・キヨッソーネ（1832～1898）1875年に大蔵省の招きで来日。紙幣や切手の肖像画を描きながら、美術教育にも努めた。1888年に宮内庁から依頼を受け、明治天皇の肖像画を描いた。

が必要となる。明治維新を成功させるためには、明治天皇自身の生活習慣も改革しなければならないと、大久保は考えた。天皇の装いが変われば、それにならうものが、まずは宮中から出てくるだろう。大久保自らが、宮内卿に就任して行おうと思っていたくらいに、それは重要なことだった。

大蔵卿から離れるのが状況的に難しかったため、大久保は同郷の吉井友実※に宮中改革を託した。

そこで吉井は、横浜で机、椅子、ランプなどを購入して御学問所に運び込むなど、西洋化に向けた改革に乗り出したが、天皇の服装や髪形を変えることまでは難しかったようだ。なにしろ、奥の空間には、侍従※ですら入ることが制限されていたのだから、当然といえば当然である。

髷を切り洋装で椅子に腰掛ける明治天皇

そんななか、明治天皇が突然、西洋風に断髪したのだから、女官たちは驚いた。なかには涙を流す者までいたという。即位してしばらくは宮廷の正式な衣装をまとっていたのに、断髪後は洋服にシフト。お歯黒や眉描きなど、公家の元服に欠かせなかったものも、それ以後は禁止されたという。

※**吉井友実** よしいともざね（1828～1891）少年期から西郷、大久保と親しくしていた薩摩藩士。西郷らの尊王攘夷運動に同調して諸般の志士と交流。維新後は民部省や大蔵省などの高級官僚となった。その後は殖産興業政策の一環で日本鉄道会社の社長となり、鉄道事業に着手した。なお、維新後も大久保とは碁をよく打ち、西郷死後は名誉回復に努めるなどしていた。

それが、1873（明治6）年のことである。急速な西洋化に抵抗を持つ人も多いなかで、明治天皇は率先して、文明開化を実践した。その姿に、明治維新を推し進めていた新政府の面々は、随分と勇気づけられたことだろう。

食事についても、旧習に固執することはなかった。従来の和食だけではなく、洋食も抵抗なく受容。なかでも、アイスクリームやアスパラガスなどは大好物だったという。

むしろ、刺身や海の魚などが嫌いだったというから、当時の日本人としては珍しいタイプだったのかもしれない。日本の伝統的な季節の行事である花見※も好まなかったようだ。日本だろうが、外国だろうか、自分の好きなものを取り入れていたということなのだろう。

開明的な考えを持ち、周囲には、いつも冗談を言っては陽気に振る舞った、明治天皇。伊藤博文の女癖をたしなめるなど、周囲を見守ったうえで、タイミングを見てアドバイスすることが多かった。また、つい怒ってしまったときは、あとで自らよく謝ったというから、周囲にも慕われていたに違いない。

そんな明治天皇の存在があったからこそ、明治維新はバタバタのなかでも、成し遂げられたのではないだろうか。

※花見
明治天皇は、向島に残っていた旧水戸藩下屋敷へ花見のために行幸したことがある。そのとき家臣から献上されたのが、木村屋がつくったあんぱんだった。天皇はこれを気に入り、「引き続き納めるように」といったという。これがきっかけで木村屋がブームとなり、さらには日本各地であんぱんがつくられるようになった。

27 福沢諭吉と並ぶ人気 福地源一郎がみた維新

福澤諭吉と並ぶ人気者だったが……

「維新の三傑」についてはたびたび紹介してきたが、明治における「日本十傑」といえば、誰の名が挙がるか、考えてみてほしい。

各界から一人選ぶかたちで、「政治家」「軍師」「学術家」「法律家」「著述家」「新聞記者」「教法家※」「商法家」「医師」「画家」の第１人者が誰か、読者が投票をする。そんなユニークな企画が１８８５（明治18）年の『今日《こんにち》新聞』（現在の『東京新聞』）で行われ、１４０６通の応募があった。

最も多く票を獲得したのは、「著述家」部門で選ばれた福沢諭吉《ふくざわゆきち》。実に、１１２４票を得ている。

では、「政治家」は誰だったのだろう。各部門で選ばれた人物と得票数は以下のとおりだ。

※**教法家**　きょうほうか
僧侶のこと。教法は、釈迦の教えを意味する。

〔政治家〕伊藤博文　927票
〔軍　師〕榎本武揚　425票
〔学術家〕中村正直※　592票
〔法律家〕鳩山和夫※　618票
〔著述家〕福沢諭吉　1124票
〔新聞記者〕福地源一郎　1089票
〔教法家〕北畠道竜※　486票
〔商法家〕渋沢栄一　596票
〔医　師〕佐藤進　565票
〔画　家〕守住貫魚※　459票

明治18年といえば、近代的な内閣制度が創設され、伊藤博文が初代内閣総理大臣に就任した年である。927票を獲得して政治家部門で1位に輝いているのだから、さすがの人気といったところだろう。

だが、得票数が高いにもかかわらず、見慣れない名前もある。福澤諭吉に次いで、1000票以上を集めた、福地源一郎《ふくちげんいちろう》だ。

※**中村正直**　なかむらまさなお（1832～1891）幕臣の家に生まれる。昌平坂学問所で学んで儒官となり、留学生の監督役としてイギリスへ渡る。維新後はスマイルズの著作を訳した『西国立志篇』を出版して西洋思想などを紹介した。

※**鳩山和夫**　はとやまかずお（1856～1911）開成学校で法学を学んだ後、政府の命でアメリカに留学。帰国後は大学講師の傍ら、代言人（弁護士）を務める。府会議員、外務省職員、東京帝国大学教授などの職に就いた。

※**北畠道竜**　きたばたけどうりゅう（1820～1907）浄土真宗の僧侶。和歌山出身。仏典だけでなく、武術も幼いころから学んだ。幕末には民兵を組織して戦闘に参加。維新後は西本願寺

「福地桜痴《おうち》」という名でも知られていたが、今では全くと言っていいほど知られていない。無名の人物と言っても過言ではないだろう。福地よりもはるかに票が少ない、渋沢栄一、鳩山和夫、榎本武揚のほうが、知名度は圧倒的に上である。

ちなみに、この投票結果をすべてあてた人が3人もいたという。つまり、当時としては、かなり順当な結果だったということだ。実際のところ、8割近い票を獲得した福沢諭吉と福地源一郎は、「天下の双福《そうふく》」と並び称されていた。

忘れ去られたジャーナリスト、福地源一郎とは、どんな人物だったのだろうか。

西南戦争では迫真の戦場ルポを

明治期のジャーナリスト福地源一郎。存命中の知名度は福沢諭吉と並ぶほど高かった。

1841（天保12）年に長崎で医師の息子として生まれた福地は、幼年のころから漢学と読書、習字に打ち込み、「神童」と呼ばれていた。16歳から江戸に出て森山栄之助の英語塾で英語を学んだのち、翻訳の仕事に従事し、2年後には、御家人に取り立てられる。幕末期には、外国奉行の下役として活躍した。

江戸幕府を支えた幕臣たちが、実は明治政

などで学問を修め、教育機関等の設立にまい進した。

※**守住貫魚** もりずみつらな（1809～1892）徳島生まれの日本画家。住吉派の絵師に学ぶ。幕府の絵師となるよう命じられるなど、若くして才能を評価された。藩主の希望で藩の御用絵師となるが、維新後の廃藩置県で藩を離れ、大阪に住んで歴史画や花鳥画などを描いた。

府でも活躍していたことは、すでに書いた。そして福地源一郎もまた元幕臣から、方向転換した一人である。

福地の場合は、明治時代が始まると幕臣の身分を捨てて、平民として過ごす道を選んだ。持ち前の英語力を生かして、翻訳業や塾の講師などで生計を立てていた。

芸は身を助く、とはよく言ったものだが、役立ったのは福地の英語力だけではない。16歳で江戸に出仕してから、福地は榎本武揚らに吉原※での女遊びを教えられ、それ以来、頻繁に通っていた。

そんな女道楽が、福地の運命を切り拓いた。明治維新後も吉原に通っていると、旧幕臣で大蔵省に仕えていた渋沢栄一と出会い、そこから伊藤博文とも知り合いになったのである。以後、伊藤の力で、福地は大蔵省に出仕するようになるのだから、遊びのネットワークもばかにはできない。

英語に長けていた福地は、伊藤に随行して洋行した。そしてついには、岩倉使節団の一員となり、岩倉具視、大久保利通、木戸孝允らの実力者とも知り合いになる。岩倉の口真似をしてみんなを笑わせるなど、福地はムードメーカーとして存在感を示した。誰もが緊張気味の洋行だっただけに、福地の冗談はよい潤滑油となったことだろう。

そんな福地が最も苦手だったのが、大久保利通だ。

大久保はこの岩倉使節団の欧米視察において、ほとんど口を利かなかったといわれてい

※吉原での女遊び
「桜痴」という号も、吉原でひいきにしていた「櫻路」にちなんでつけられた。

る。もともとの性格もあるが、大久保は、列強の優れた文化を目の当たりにして、日本との差に衝撃を受けていたのである。そんな大久保からすれば、福地の振る舞いは、いかにも軽薄に感じたに違いない。

しかし、苦手な相手にも果敢に切り込んでいくのが、福地である。ロンドン滞在中、大久保の部屋に呼ばれたときに、こんなことを言った。

「私が閣下によく容れられないことはわきまえております。私は事に際してすぐに意見を申しのべる、つまり即知をもって得意といたしておりますが、閣下はそれを危険のこととして退けられる。ですから、もし閣下に容れられようとするなら、即知をひかえることと思うのですが、どうしてもそれができないのです」

大久保が「その通りだ。その秘訣を知っていながら、君はなぜそれを実行しようとせぬのか」と問うと、さらに福地はこう言った。

「即知は私にとっていわば天与の才であります。閣下の知遇を得るということとのために、天与の才を隠して愚をよそおうのを潔しとしないのです」

瞬時に状況をつかんで、巧みに切り返す――。そんな「即知」が得意であることを、福地は天から与えられた才能だと考えていた。大久保に気に入られるためだけにそれを捨てることはできない、と言ってのけたのだから、なかなかの強心臓である。

※岩倉使節団が帰国すると、福地は誘いを受けて、東京日日新聞（毎日新聞の前身）の主

※岩倉使節団が帰国
なお、福地は裁判制度を視察するために、他の一行と別れてオスマン帝国（トルコ）のイスタンブールを訪れている。日本とトルコの交流の歴史は、この福地の訪問から語られることが多い。

筆となり、ジャーナリストとして歩み始める。そこで「即知」の才が大いに発揮された。

西南戦争が起きると、他社が尻込みするなか、福地はすぐさま戦地の熊本城へ向かった。着の身着のままで農家に泊まりながら書いた連載記事「戦報採録」は、戦場ルポとして大きな評判を呼んだ。

その後も新聞記者として名を馳せた福地は、1878（明治11）年の暮れに議員選挙※が行われると、下谷区から出馬して当選。そのうえ、東京府会で芝区選出の福沢諭吉と議長選挙を戦って、24票を獲得し、18票だった諭吉に勝利している。

まさに我が世の春。この時点では、福地が忘れ去られて、諭吉が歴史に長く名を刻むとは、誰もが予想できなかっただろう。

幕臣だらけだった新聞界

幕臣出身のジャーナリストは福地だけではない。
※『郵便報知新聞』の栗本鋤雲《くりもとじょうん》は、奥医師でありながら北海道開拓に尽力し、外交官やフランス大使として活躍した。また、『朝野新聞』※の成島柳北《なるしまりゅうほく》は、会計副総裁などを歴任。江戸城の明け渡しにも立ち会っている。さらに、『東京横浜毎日新聞』※の沼間守一《ぬまもりかず》は、幕府陸軍伝習所で洋式兵術を学んで、戊辰戦争で幕臣として新政府側で戦った経験を持つ。
まさに旧幕臣があふれる新聞界だが、福地が主筆を務める『東京日日新聞』が好調を維

※**議員選挙**　地方議会である府県会の選挙のこと。

※**郵便報知新聞**　1872年に前島密らが創刊した新聞。のちに首相を経験する犬養毅や原敬が記者として在籍していたこともある。

※**朝野新聞**　ちょうやしんぶん　1874年に刊行された民権派の新聞。前身は1872年に刊行された『公文通誌』。政府を批判する成島らの社説が人気を集めた。日本で初めて発行停止処分を受けた新聞でもある。

持したのには、理由があった。新聞がみな政権批判の立場をとるのをみて、『東京日日新聞』は逆に、政府側の新聞として、国家の方針を国民に伝えるというスタンスを取ったのである。当然、官吏たちは読者になるし、官を尊ぶ権威好きな国民のニーズも汲み取ることができた。

だが、国民の政治への意識が高まるに連れて、政府寄りの新聞であることに批判が高まるようになってきた。致命的だったのが、1881（明治14）年に起きた「北海道開拓使官有物払下げ事件」※での報道スタンスである。当初は政府批判を行っていたにもかかわらず、明治十四年の政変によって、自分と親しい伊藤博文と手を結ぶと、紙面も政府を擁護するようになり、徐々に読者離れが起きた。

福沢諭吉。時事新報を創刊し、政治・社会問題等の論説を数多く発表した。

また、福地は政府が『東京日日新聞』が官報になることを期待していたが、政府は独自に官報を発行することになり、政府側のメディアとしても魅力を失っていったのである。

代わりに台頭してきたのが、特定の政党に肩入れしないことをポリシーとした日刊新聞の『時事新報』である。創刊者は福沢諭吉だ。諭吉が新聞を発行したのは、大隈重信、伊

※東京横浜毎日新聞
1871年に横浜で創刊された日本で最初の日本語日刊新聞。当初は横浜毎日新聞と名乗っていたが、沼間が社長に就任し、東京に移ると社名を変えた（その後、「東京毎日新聞」に改題）。民権派新聞として活動するが、経営に行き詰まり、転々と売買された。ややこしいが、現在の毎日新聞の母体は「大阪毎日新聞社」という別の会社であり、東京日日新聞は関係がない。

※北海道開拓使官有物払下げ事件
開拓使長官・黒田清隆が、1400万円を投じた船舶などの官有物を、同郷の政商らに安く払い下げようとして非難された事件。五代友厚ら関西貿易商会に無利息30年年賦で払い下げようとしたことで、民権派から非難が集中した。また、黒田をかばった大隈を政府から追い出す口実にもなった。

藤博文、井上薫らから、公報新聞の発行を頼まれたのがきっかけだった。福地があれだけ官報を出したがっているのを知りながらも、政府高官たちが選んだのは、福沢だった。

そこには、伊藤の次のような深い意図があったのではないかと、『明治の異才　福地桜痴』（小山文雄）では書かれている。

「政府新聞なら、すでに半ばそう見られている桜痴がより適任であろう。思慮周密の伊藤のそこの心事がはかりきれないのだが、強いて忖度すれば、伊藤も諭吉の民衆に対する清新さを買い、それを政府新聞として活用して難局を乗り切る道具とし、桜痴は自分のための御用新聞として利用していく。民衆が「やっぱり」と思う桜痴よりは、「おやっ」と感じる諭吉の方が、民衆への効果が大きいと考えたのだろう」

だが、福沢は政治情勢の変化をみて※、政党に寄らない『時事新報』の発刊へと舵を切った。こうして「天下の双福」と呼ばれた2人が新聞界で再び交差し、その後は福沢が言論界を牽引していくことになる。

大きなスキャンダルがあったわけではなく、ごく自然に福地は忘れ去られていった。とにかく器用で、名文家として原稿を量産した福地だったが、歴史に名を残すには、何か物足りなかったのだろう。

大久保とのやりとりについては前述したが、実は、そのあとにも続きがあった。「即知」が自分の天から与えられた才能である、と語る福地に、無口な大久保が珍しく懇々とこう

※**政治情勢の変化をみて**　福沢は国会開設の重要性を説いていたが、早期国会開設を目指す大隈重信は明治十四年の政変によって失脚。政府は国会開設に漸進的な伊藤博文や井上馨が主流となり、福沢の考えとずれるようになっていた。

諭したのである。

君はなお春秋※に富み、他日に大志を抱く俊秀である。いたずらに才を誇り知に驕るといった弊を改めて、深慮熟考の風を養うべきだろう。さもないと国家の器になることはできず、才を抱いたまま世に認められずに一生を終えることになるだろう。

明治の時代を駆け抜けたジャーナリスト、福地源一郎。

才にあふれながらも、一本筋が通った生き様を見せられなかったがゆえに、大久保の予言通り、人々の忘却の彼方へと消えてしまった。

※春秋に富み
年が若く、将来がある、という意味。年齢や年月のことを春秋という。

28 恐露病による大津事件のドタバタ

皇太子が襲われた「大津事件」の衝撃

人が人を罰するとき、どんなルールを社会で作るのか。

明治時代になってもしばらくは、武家社会で行われていた残酷な刑罰が引き継がれていた。そのことはすでに書いた通りだが（168〜176ページ参照）、1880（明治13）年に旧刑法が制定されると、それまでの身分によって刑罰が異なるといったような点は解消されて、近代的な法制度がなされることになる。

しかし、あくまでも法律を運用するのは、人間である。明治時代においても、日本は刑罰についての考え方が未熟だった。そのことが露呈したのが、ロシア皇太子が来日時に襲われた「大津事件」である。

1891（明治24）年、ロシアの皇太子ニコライ※が来日した。ヨーロッパの皇太子が日

※ニコライ（1868〜1918）
のちに即位し、ニコライ2世と名乗る。日露戦争時の皇帝。第一次大戦にも参戦するが、大戦中にロシア革命が起き、王朝が崩壊。ソヴィエト政府に監禁され処刑された。

本にやって来るのは初めてのことであり、日本中が浮き足立っていた。

4月27日、ニコライの艦隊は長崎に到着した。数隻の軍艦が21発の空砲を発射して歓迎の意を示し、ニコライは長崎市民から盛大な歓迎を受けた。

訪日したロシアの皇太子ニコライ

鹿児島港を経て神戸港に到着すると、ニコライは23歳という若さだったが、慣れないはずの神社でも礼儀正しくふるまい、当時の兵庫県知事を感心させている。

その後は、神戸から特別列車で京都へ向かい、芸者の舞いや東山の大文字※を鑑賞。皇族や府知事が歓迎の宴会を開き、そのもてなしにニコライも大満足だったようだ。

悲劇は、滋賀に移動した5月11日に起きた。琵琶湖で遊覧を楽しんだニコライが人力車で帰路についているときに、警備していた巡査が突然、背後からニコライに襲いかかったのである。

頭に向けて振り下げられた刀は、ニコライの帽子を切り裂いた。驚いた皇太子が悲鳴を上げ

※**東山の大文字**
本来、五山の送り火は8月に行われるが、ロシアの皇太子が来るということで、特別に実施された。

て振り向くと、巡査はさらに刀を浴びせた。

人力車から転がるように降りて逃げようとするニコライを、巡査は刀を持ったまましつこく追跡。そのとき、車夫たちが暴挙を働いた巡査に飛びかかり、取り押さえたため、※犯人は確保された。

ニコライは現場で応急手当を受けて、京都のホテルでロシア軍艦の軍医から治療を受けた。頭部2カ所に傷を負い、大きいほうの傷は長さ9センチメートルにも及んだ。

命に別状はなかったが、皇太子への暴行事件である。日本中が青ざめたといっても過言ではないだろう。

なにしろ、日露関係が微妙な時期だった。来日の前年、当時の首相である山県有朋が施政方針演説で、朝鮮半島に対する影響力をいち早く確保する必要性を力説。一方のロシアは、※シベリア鉄道の計画を発表しており、朝鮮半島への実質的支配をめぐって、日本とロシアは互いにけん制しあっていたのである。

今回の皇太子の来日も、「軍事視察ではないか」という噂が立っていた。それを信じたのが、事件を起こした巡査、津田三蔵《つださんぞう》である。

津田はロシア皇太子の一行が旅行と見せかけて、日本の国土の地形を視察していると思い込んで、凶行に至った。大津地方裁判所で、検事による尋問が行われると、津田はこんな供述をしている。

※犯人は確保された
ちなみに、このときに勇気ある行動をとった車夫たちは、のちにロシアと日本の両政府から表彰されて「帯勲車夫」と呼ばれることになる。

※シベリア鉄道
モスクワ〜ウラジオストック間の９２９７キロを結ぶ、世界最長の鉄道。東アジア進出の目的のもと、１８９１年から建設が始まり、１９０４年９月に全線が開通。開通後は日露戦争のために大規模な兵站輸送に使われた。

「ロシアの皇太子はわが日本を奪おうとする野心がある。だからこそ、近江などの地理を観察して、次の略奪する機会に役立てようとしたのだ」

政府がこれだけ歓迎したのは、皇太子の来日を機会に、日露に漂う嫌なムードを一掃しようという意図もあったのだが、最悪の結果となってしまった。

とにかく津田を抹殺したい

大国ロシアからの報復を恐れた日本は、皇太子の襲撃に対して、国をあげての自粛ムードに突入した。

皇太子の治癒を祈る意味で、学校は休校になり、多くの銀行や株式会社も休業。そのうえ、全国各地からニコライのもとへとお見舞いの電報が届けられ、その数は実に約1万通にものぼった。各地から名産品も病室へ次々と届けられたという。

それだけではない。事件から1週間後の5月18日がニコライの誕生日と知るや、天皇※は お祝いの品を贈呈。さらに、その翌日には、ニコライの怪我が完治していないため実現し

ニコライ皇太子を襲った巡査・津田三蔵。
西南戦争に従軍し、勲章を授与されていた。

※天皇
電報でニコライ襲撃を知った天皇は、すぐさま列車で京都へ向かい、13日には面会して謝罪している。

なかったものの、神戸の邸宅で会食も申し入れている。神戸市民はニコライの誕生日を祝って、ロシアの国旗まで掲げた。

そんな「国を挙げての土下座」※という雰囲気のなか、犯行を行った津田に対して、死刑を求める声が高まったことは言うまでもない。犯人の命を差し出して、許しを請うというわけだ。

だが、殺害までには至っていないため、津田に下されるのは、最も重い刑でも「無期徒刑」。死刑にまで処するには、法的根拠が希薄だった。

津田への刑罰が確定しないままだったが、ニコライは予定を切り上げて帰国。自分の身に降りかかった暴行について、こんなコメントを発した。

「この程度のことで日本に対して悪く思うことはない」

さらに、ニコライはロシア公使にも「自分がこんな目に逢っても、日本に対して悪い感情を抱かないように」と伝えていたという。

この言葉に、日本国民がどれほど安心したことだろうか。日本中に安堵の雰囲気が漂い、「津田を死刑に」という声も日に日に弱まってきた。殺人罪ではないことに、冷静な見方が出てき始めたのである。

しかし、明治政府のなかには、依然として、津田を死刑にすべきだという声が多かった。

当時、元老※となっていた伊藤博文もその一人である。伊藤は「恐《きょう》露《ろ》病《びょう》」と揶揄されるほど、

※国を挙げての土下座
畠山勇子という女性にいたっては、謝罪の文面をしたためて、なんと自殺までしている。当時の新聞でも驚きをもって報じられた。

※元老
天皇を補佐する重臣。元勲とも。首相経験者など、政界の最高実力者が就いた。憲法には規定されていない

大国ロシアを警戒していた。

なんとか津田を死刑にしたかった伊藤は、根拠がなければ、戦争事変のときに天皇が発することができる威厳発令を出して死刑にすることまで提案している。いくら両国の関係悪化の恐れがあるとはいえ、津田の犯行は、軍事上のものではないため、伊藤の案には無理があった。

農商務大臣を務めていた陸奥《むつ》宗光《むねみつ》にいたっては、もっと危険な思想を持っており、耳を疑うような提案した。

「ロシアあたりであれば、こういうときには裁判にかけるのではなく、自然に犯人を葬り去ってしまうだろう。暗殺者には暗殺者がいる。日本も刺客を雇って殺し、病死を発表してしまえばいい。この際、津田を何らかの手段で殺してしまえば事態はすぐにでも解決する」

陸奥宗光（国会図書館所蔵）

さすがに陸奥の暴論については、政府内からも反発が上がったが、津田を死刑にすべし、という点では、当時の首相である松方正義をはじめ、明治政府内の意見は、ほぼ一致していたといっていいだろう。

明治時代は、まだまだこんな乱暴な考え方が

が、明治後半から太平洋戦争直前まで、政策決定や次期首相の選任に絶大な影響を及ぼした。

蔓延していたのである。

政府に立ち向かった「護法の神」

津田を何としても死刑にしたい明治政府は、刑法116条にその活路を見出そうとした。それは、「天皇、三后、皇太子に危害を加えまたは加えようとした者は死刑に処す」というもので、今回のように未遂の場合も該当する。

だが、法律は日本の天皇などを想定しており、今回の相手はロシア皇太子である。適用は難しいと考えるのが法律上は妥当だった。

こうした無理な解釈ではなく、あくまでも法律に則って処罰すべきだとしたのが、司法官の児島惟謙《こじまこれかた》である。

児島が大津事件について知ったのは、大審院長※（今の最高裁判所長官）に任じられてから、わずか5日後のこと。未曾有の事態に驚愕しながらも、事件翌日には官邸を訪れた。官邸では、松方首相や陸奥農相などによる会議が行われていたが、ちょうど終わった頃に、児島が到着。すると、松方首相や陸奥農相に呼ばれて別室へといざなわれた。

児島に対して、松方首相は「内閣は、津田をわが国の皇族に対する法律、すなわち刑法第116条を以て死刑に処することに決定した」と告げ、陸奥もこう述べた。

「刑法116条には特に『日本の』という文字はないのだから、当然外国の皇太子も含ま

※**大審院**　だいしんいん　1875年に設置された当時の最高裁判所。現在の最高裁判所とは異なり、下級裁判所の監督権などがなかったため、現在ほど司法が独立していたわけではなかった。1947年に裁判所法が施行されたことで廃止された。

れるべきだ」

しかし、児島はあくまでも厳密な法の運用にこだわり、経緯を説明した。

「もともと刑法116条には『日本天皇・三后、皇太子に対して』とあったが、明治13年の元老院議事の際に削除した。日本の刑法でことさら『日本の』と入れる必要はないだろうというのが、その理由だった」

しかし、松方も譲らず、「国家が存在しなければ、法律も国民の生命も存在しない。法律が国家よりも重大であるという理由は全くない」として、今回の事件をどう裁くかは、法律を超えた国家レベルの判断が必要だとした。法治国家とは思えない理屈が、一国のトップの口から堂々と語られるのが、何とも恐ろしい。

児島惟謙（国会図書館所蔵）

いったん児島はその場を立ち去り、大審院に判事※を集めて意見を聞いた。その結果、やはり刑法116条の適用は難しいというのが、法律家たちの判断だったため、児島は屈しないことを決意。

再度、松方首相に呼び出されて、意見を変えるように迫られると、児島は次のようなことを言った。

※判事
裁判長の堤正己（つつみまさみ）をはじめとした7人が判事だった。

「個人的には、津田三蔵のような人間は大罪人であり、ずたずたに切り裂いても飽きたりません。それでも、いかなる国難にあろうとも、法官たるものは、法律の条文をよりどころにし、法律の神聖を守るほかありません」

その後も首相とのせめぎあいは続いたが、児島は審理を担当する判事を一人ひとり説得。努力の甲斐があり、大審院では、津田に「謀殺未遂罪」を適用するとして、無期徒刑を宣告した。死刑は免れたのである。

司法権の独立※を勝ち取って「護法の神」とも呼ばれた児島惟謙。これが「三権分立」が進んでいくきっかけとなった。

明治時代による近代化は、何も政府主導で行われたものばかりではなく、こうした一人の法律家の戦いによって、勝ち取られた場合もあったのである。

※司法権の独立
政府はロシアの反応を非常に気にしたが、6月に在ロシア公使からロシアの皇帝は裁判の結果に満足しているという知らせを受けた。

29 「憲法発布」と作られた「国民のから騒ぎ」

憲法よりも国際法が大事

1889（明治22）年2月11日、大日本帝国憲法[※]が発布された。「大日本帝国憲法」は、しばしば「明治憲法」とも呼ばれるので、本書もそれにならいたい。

憲法とは、重要な組織とその運用の仕方を規定するものであり、国家の基礎となる法律。近代国家になくてはならないものだが、明治政府は当初、憲法制定に消極的だった。というより、憲法が必要だという考え自体がほとんどなかったといっていい。政府は「列国公法」、つまり国際法にひたすら盲従すればよい、と考えていたからである。

実際、岩倉使節団の基本方針である「事由書《じゆうしょ》」には次のようなことが書かれていた。

「条約を改正するためには、列国公法に従わなければならない。我が国における民に関する定めや、貿易や刑法、あるいは税における定めにおいて、列国公法に相反するものがあ

※**大日本帝国**
憲法では「大日本帝国」としているが、国号が明確に決められたわけではない。行政機関が発行する文書では「大日本国」「日本国」「日本」など、表記がバラバラで、統一の規定があるわけではなかった。この状態が長く続き、昭和になってやっと統一化の動きが出てきた。

れば、改正しなければならない」

つまり、これまで何度も書いてきたとおり、明治維新の基本方針は「欧米にいかに認めてもらえるか」だったため、国際法にあわせて国内法を変えればそれでことたりると考えられていたのである。

もっとも、岩倉使節団の中には、欧米視察によって憲法の重要性に気づいた者もいた。大久保や木戸である。だが、帰国した彼らを待っていたのは、不平士族による武装隆起であった。これまで見てきたように、大久保らによる専制的な政策に不満を抱く士族は少なくなかった。また、政権内では征韓論争が巻き起こるなど、とても憲法制定に着手できる状態ではない。

極めつけが、1877（明治10）年の西郷隆盛による西南戦争だ。西郷の自害によって戦いは終結するが、木戸はその最中に病死。翌年には大久保が暗殺され、「維新の三傑」はこの世を去ることになる。

するとどうなったか。後継者たちは山積した国内問題を処理することに追われ、政府は憲法制定どころではなくなったのである。

結局、憲法が制定されるようになったのは、民間から立憲主義を求める声※が高まったからだった。失策が続く政府に任せておけないと、憲法に立脚する開かれた政治を要求する声が大きくなったのである。

※**立憲主義を求める声**
征韓論に敗れて下野した板垣退助らは、自由民権運動を展開。1874年1月17

憲法調査時の伊藤博文（左）とその秘書官・伊東巳代治（右／憲法調査から約10年後の写真）

政府発足から憲法制定までに20年以上も時間がかかったのは、なんてことはない。政府が憲法の必要性に気づくのが遅く、国内のゴタゴタで手をつけられなかったというのが、実際だった。

ドイツの憲法学者にバカにされた

棚上げされた憲法の制定は、新しい世代に委ねられることになった。その役目を背負ったのが、伊藤博文である。

伊藤博文が憲法の調査のために、ヨーロッパへの旅に出たのは、1882（明治15）年3月14日のこと。岩倉使節団として欧米を訪問してから、実に10年以上が経過していた。

政府内では、伊藤の派遣について異論もあったため、なるべくひっそりと視察することになった。横浜から出航するときには儀式すらなく、たった14名という小規模な調査団※だった。岩倉

日に民選議院設立建白書を政府に提出し、大久保の政権運営を批判して開かれた政治を求めた。政争に敗れた土佐派中心の運動だったが、次第に租税負担の大きい地主や商人などにも広がった。

※小規模な調査団　随行員は、西園寺公望や伊東巳代治をはじめとした9人で、私費で2人、留学生として2人が参加していた。なお、私費で参加した一人は、のちに妻が伊藤とのスキャンダルで取り沙汰される戸田氏共。

使節団のときは約100名いたことを考えると、随分と心もとない体制だった。

しかも、現地でも散々な目に遭っている。ドイツを参考にすることを決めていた伊藤一行は、ベルリンへ向かった。ベルリン大学の憲法学者・グナイストと面会するためだ。

高校の日本史教科書には、伊藤がグナイストから「ドイツ流の憲法理論を学んだ」と書かれているが、実際には伊藤を満足させるだけの答えを用意してくれなかった。

グナイストは「日本のことはよく知らない」と開口一番に告げて「参考になりそうなことは申し上げるが、そちらの憲法編纂の参考になるかどうかは自信がない」と消極的だったのである。

さらに、ブルガリアを引き合いにこんな話をし出した。

「4、5年前に露土戦争※が終わって、ベルリン会議が開催され、バルカン諸国が、独立もしくは自由政治を行うことができるようになったときに、ブルガリアが憲法を制定したいと言って、ドイツに依頼してきたことがある。そのとき、ドイツの学者たちは誰も進んでブルガリアの憲法に補助を与える自信がなかった。なぜかといえば、ブルガリアは日本よりは近いので歴史の一部は承知しているけれども、諸種の民族が混合して今日のブルガリアを形成しているので、それについて詳しく誰も取り調べをしていない。それがためにみなが躊躇したのである」

ブルガリアから同じように憲法制定の協力を頼まれたときですら、国の事情が分からな

※**露土戦争**《ろとせんそう》（1877～1878）ロシアとオスマン帝国（トルコ）の間で起こった戦争。両国は国境紛争で歴史上何度も衝突していたが、この戦争ではロシアが勝利。トルコからモンテネグロ、セルビア、ルーマニアが独立した。

いので法学者たちは躊躇したのだから、いわんや、日本ならばなおさら、ということだろう。しごくまっとうな意見だが、続く言葉には、いささか、ドイツの傲慢さが表れている。

「ところで、私の友人のある法学者が進んでいこうと言い、期限6カ月で作ってみせるといったので、皆が笑ったが、はたして6カ月にしてブルガリアの憲法を作成した。彼は帰国してから、みなに向かって、銅器にメッキをしたのだから、大した手間はかからないと言ったので、みなで笑った」

これから、ドイツを模範国として憲法を作ろうと、はるばる来た相手に言うことではないだろう。グナイストの物言いに、伊藤一行が憤慨したことは言うまでもない。

結局、グナイストは週3日ほど談話を続けたが、あまり実のあるものではなかったらしい。グナイストの弟子であるアルベルト・モッセ※も講義を行ったが、ドイツの憲法上の諸制度についてのもので、やはり参考にはならなかった。なにより伊藤自身がドイツ語を理解することができなかったため、焦りは募る一方だった。

しかも、終始見下されながら、手ごたえをつかめずにいたことで、調査団の内部で伊藤への批判が高まってきた。そのときの伊藤の状況を

ベルリン大学の憲法学者グナイスト

※アルベルト・モッセ（1846〜1925）
伊藤が訪れたときは、ドイツにある日本公使館の顧問を務めていた。1886年にはお雇い外国人として来日し、地方制度整備に影響を与えた。

『文明史のなかの明治憲法』で瀧井一博氏は次のように書いている。

「ベルリンでの伊藤は二重の意味で苦悩を味わっていた。自分の調査が満足に進行してないことに加えて、一行の内部で自分に対する不協和音が高まっていることをも彼は意識せざるを得なかったのである」

まさに踏んだり蹴ったりだった。

ミスだらけだった憲法の式典

そんななか、ドイツでのグナイストやモッセの冴えない講義が夏期休暇に入ったため、伊藤らはウィーンの地に向かう。そこで、ウィーン大学法学部の国家学者ローレンツ・フォン・シュタインと出会い、転機を迎える。

シュタインはウィーンの日本公使館で顧問のような役割を担っており、日本の歴史や政治体制への関心がもともと高かった。シュタインの4カ月にわたる講義を通じて、国家のなかで憲法をどのように位置づけるかを学び、帰国後に「立憲のカリスマ」として活躍する下地を作ることができたのである。

伊藤らの帰国から2年後の1885（明治18）年、近代的な内閣制度が導入され、伊藤が初代内閣総理大臣となった。さらに明治21年には、明治憲法草案を審議するために枢密院※を開設。議長には伊藤が就任し、憲法制定への道筋を立てた。

※**枢密院** すうみついん
憲法発布後は、天皇の諮問機関として機能。衆議院とは異なり民選ではないが、

そして、明治22年2月11日、大日本帝国憲法がついに公布される。それに先立って1月に、皇居にて憲法発布の式典が行われた。苦労を重ねた伊藤にとってはまさに晴れの舞台だったが、いくつかのハプニングがあった。

当日、伊藤は憔悴した表情で式典会場である皇居に現れた。不思議に思った憲法スタッフの一人、金子堅太郎※が「憲法は？」と尋ねたところ、何と前日に渡されていた憲法の正典を、官邸に置き忘れてきたというのだ。すぐさま使いの者が取りに行き、事なきを得たが、一番忘れてはならないものを見事に置いてきた伊藤の失態に、側近たちも唖然としたことだろう。

さらに追い打ちをかけるように、伊藤の右腕である井上馨が、この日、天皇が朗読する憲法の論文で、日付を誤記してしまう。国会開設の勅諭に触れた箇所で、その公布日を明治14年10月12日とすべきところを、14日と書いてしまっ

憲法作成スタッフの金子堅太郎（左）とやらかしてしまった井上馨（右）

メンバーは首相経験者などの有力者が就いていた。天皇に近く、内閣からも独立していたため、国政への影響力は大きかった。

※金子堅太郎
かねこけんたろう
（1853〜1942）
政治家。維新後はアメリカに留学して、ハーバード大学法学部に入学する。留学を通じて政治家・文学者・哲学者・ジャーナリストなどと交際した。のちにアメリカ大統領となるセオドア・ルーズベルトも同級生。帰国後は元老院に出仕。総理秘書官・枢密院書記官などを経て、伊藤博文内閣で農商務次官や司法大臣に。大日本帝国憲法・皇室典範の起草にも携わった。

たのである。井上は進退伺を出す騒ぎとなったが、伊藤が説得して、おとがめなしとした。

これほど大切な日に、忘れ物に誤記載というケアレスミスには呆れるばかりだが、最も衝撃的だったのが、当日になっても、文部大臣の森有礼《もりありのり》が会場に現れなかったことだ。

関係者一同がやきもきしていたが、すでに、森はこの世にいなかった。森は憲法発布の式典に出かけようとした朝に、刺客によって暗殺された。その理由については107〜112ページで書いた通りだ。

式典の列席者※にその事実が発覚しないよう、政府関係者によって事件は隠匿されたが、伊藤らの胸中は穏やかではなかっただろう。そんなゴタゴタのなか、式典は執り行われたのだった。

国民の騒ぎは作られたものだった

大日本帝国憲法がついに公布されると、国民たちは、上を下への大騒ぎとなった。俳句、短歌の革新運動を進めた正岡子規《まさおかしき》は『墨汁一滴《ぼくじゅういってき》』で、その日のことをこんなふうに描写している。

朝起きて見れば一面の銀世界、雪はふりやみたれど空はなほ曇れり。余もおくれじと高等中学の運動場に至れば早く已に集まりし人々、各級各組そこここに打ち群れて思ひ

※**式典の列席者**
式典には、官僚や府県知事、府県会議長、華族、各国公使が列席。お雇い外国人や新聞・雑誌記者も拝観した。参列者のなかには、朝敵として追討対象になった徳川慶喜や、明治になって徳川家を継いだ徳川家達の姿もあった。

明治憲法発布式を描いた錦絵

思ひの旗、フラフを翻し、祝憲法発布、帝国万歳など書きたる中に、紅白の吹き流しを北風になびかせたるは殊にきはだちていさましくぞ見えたる

東京市内は大変な騒ぎになり、山車を曳いたり、芸者が踊ったりと、まさに狂喜乱舞ともいうべき様だった。しかしながら、肝心の憲法がどういうものか、ということは、あまり理解されていなかった……というのは、よく知られている話だ。

職人のなかには「憲法発布」を「ケンプの法被」と聞き間違えて、「絹布の法被を著せて下さるそうだ」と喜んでいた者もいたと、「九州日報」主筆の福本日南《ふくもとにちなん》や文芸批評家の高田半峯※らが書き綴っている。誇張されている部分もあるかもしれないが、それだけ憲法が何かを理解せずに、民衆が騒いでいたということだろう。

だが、実は、この騒ぎは明治政府によって人為

※**高田半峯** たかだはんぽう（1860～1938）江戸の深川に生まれる。本名は早苗。大隈重信と仲が深く、立憲改進党（大隈がつくった政党）に参加して代議士を務めた。東京専門学校（現・早稲田大学）の設立にも関わり、学校運営の中心となる。学長や総長も経験した。

的に作られたものだった。

明治政府によって招聘されていたドイツ人の医師、エルヴィン・ベルツ※も「こっけいなことに、誰も憲法の内容をご存じないのだ」と同様のことを書いているが、ベルツはこの騒ぎの舞台裏も暴露している。

ベルツの記述によれば、憲法が公布されるとのニュースが広まった時点では、国民は極めて無関心だったという。

しかし、明治政府が地方官吏と新聞に指令して、「この日は、礼服を来て、酒を飲み、お祝いをするのが、忠実な者全員の義務である」といった具合に記事を書かせたのだと綴っている。

さらに、地方官吏には直接的な働きかけがあったとして、ベルツは次のように明かす。


地方官吏は名士たちを呼び集め、この日はお寺のお祝いのかたちで祝わなければならない。それがお上の御所望だと彼らに言い聞かせました。これに背く者は、これから先祭りを祝ってはならないというのです。

実際に、どれだけ政府のお達しがあったかは定かではないが、このお祝いの日を盛り上げるべく、かなりのプレッシャーがかけられたのは確かなようだ。

※エルヴィン・ベルツ（1849〜1913）ドイツ人の内科医。東京大学で教育・研究・診療に従事する。のちに宮内省御用掛。お雇い外国人としての滞在は27年に及び、その功績から旭日大綬章を受章。「蒙古斑」の名付け親。

おわりに

その時代では、当然と考えられていた認識や思想、社会全体の価値観などが、劇的に変わる――。そのような変化のことを「パラダイムシフト」と呼ぶ。

幕末から明治へと変わった明治維新は、まさにパラダイムシフトである。しかも、無血革命を成し遂げたとあれば、日本史のみならず、世界史にとっても、稀有な出来事だといえるだろう。

そんな明治維新を日本人が誇りに思い、肯定的に評価することは、何ら不思議なことではない。だが、である。何の犠牲も払うことのない革命などあるわけがないし、もしあったとしても、それは大きな変革とは呼べない。

明治維新ほどの革命であれば、当然、払った犠牲も大きかっただろう。ないがしろにされた人もいるだろう。切り捨てられた人もいるだろう。

にもかかわらず、やたらと賛美のみされるのが、明治維新である。

はたしてそれほどよいことばかりだったのか。社会的な混乱は本当に少なかったのか。庶民の抵抗はとるに足らないものだったのか、西郷隆盛は非の打ちどころのない英雄なのか……。

そんな疑問が、本書を書く出発点になっている。

実際に文献にあたってみれば、明治維新は理想的な改革どころか、混乱の連続であり、政策も穴だらけ。ただひたすら欧米に認めてもらうために打ち出されたものばかりで、それに民衆たちはこれでもかというほど、振り回されていた。すでに本書を読んだ読者ならば、当時の人々に同情することだろう。

誤解してほしくないのだが、この本では随分と明治維新の悪口を書いたが、私は江戸時代に回帰すべきだと主張しているわけでもなければ、近代化を否定しているわけでもない。

ただ、革命に犠牲はつきものであり、何かを大きく変えれば、そのしわ寄せが必ずどこかにくるようになっている。その痛みに耐えられたときにだけ、社会は前進するということは、伝えたいことの一つである。

明治維新を賛美する人々は、はたして当時の国民のように変化を受け入れられるだろうか？　これほど行き当たりばったりの政策でも我慢することができるだろうか？

政治家にしてもそうである。

今、理想とされる西郷隆盛も実質的には知略家のところがあり、荒っぽいことも行っている。初代内閣総理大臣の伊藤博文は女たらしで、スキャンダルが絶えなかった。明治天皇に注意されているくらいだ。

大隈重信は異様なほどに大きい屋敷に住んで、贅沢な生活を見せつけては、庶民を呆れさせていた。黒田清隆にいたっては論外中の論外で、泥酔しまくって乱暴狼藉を働く始末。あげくのはてには「妻殺し」の嫌疑までかけられていた。そんな黒田を大久保利通はかばったのだから、もうめちゃくちゃである。むしろ問題のない人物を探すほうが難しいくらいだ。

今ならば、即刻、マスコミやネットで叩かれて失脚しているような連中ばかりが、明治政府のかじ取りを行っていた。

しかし、彼らのパワーなくして、明治時代は成立しなかっただろう。

今、このような政治家が出てきづらい時代になっている。「小粒な政治家しかいない」と嘆く向きもあるが、それは、私たちが規格外で破天荒な人間に国の行く末を任せることをよしとしないからにほかならない。

そんな不寛容なムードばかりが漂っている今だからこそ、理想化されがちな明治維新がいかに酷いものだったか、ということをあえて言いたいのだ。

今の私たちは、あまりにも完璧でミスのない人間や政策を求めていると思えてしまうものだから。

日本を近代化に導いた明治維新の「闇」。それを知ることは、私たちの今の社会のありようを改めて考えることでもある。

拙著『幕末志士の大誤解』『近代日本の大誤解』と合わせて読むと、歴史がいかに思い込みで解釈されがちなのかがより分かるはずだ。

最後に、編集の労をとってくれた担当の名畑諒平さんに感謝の気持ちを伝えたい。

そして、本書を読了していただいた皆様に御礼を申し上げます。

２０１７年8月　夏池優一

参考文献

松本健一『日本の近代1　開国・維新　1853～1871』（中公文庫）
坂本多加雄『日本の近代2　明治国家の建設　1871～1890』（中公文庫）
御厨貴『日本の近代3　明治国家の完成　1890～1905』（中公文庫）
遠山茂樹『明治維新』（岩波現代文庫）
井上清『日本の歴史(20)明治維新』（中公文庫）
坂野潤治『未完の明治維新』（ちくま新書）
柴田宵曲『明治の話題』（ちくま学芸文庫）
宮地正人ほか編『明治時代史大辞典　1～4』（吉川弘文館）
有馬藤太著、上野一郎編『私の明治維新―有馬藤太聞き書き』（産業能率短期大学出版部）
『大日本古文書　幕末外国関係文書』
加藤祐三、伊藤久子協力／オフィス宮崎訳『ペリー艦隊　日本遠征記』（万来舎）
加藤祐三『幕末外交と開国』（講談社学術文庫）
曽村保信『ペリーは、なぜ日本に来たか』（新潮選書）
岩下哲典『予告されていたペリー来航と幕末情報戦争』（新書y）
母利美和『井伊直弼（幕末維新の個性）』（吉川弘文館）
福地桜痴『幕末政治家』（岩波文庫）
松岡英夫『岩瀬忠震―日本を開国させた外交家』（中公新書）

町田明広『攘夷の幕末史』（講談社現代新書）
『会津戊辰戦史』（会津戊辰戦史編纂会）
石光真人『ある明治人の記録─会津人柴五郎の遺書』（中公新書）
東京日日新聞社会部編『戊辰物語』（岩波文庫）
佐々木克『戊辰戦争　敗者の明治維新』（中公新書）
星亮一『偽りの明治維新─会津戊辰戦争の真実』（だいわ文庫）
森田健司『明治維新という幻想』（歴史新書y）
中村彰彦『幕末維新史の定説を斬る』（講談社文庫）
西郷隆盛著、大西郷全集刊行会編『大西郷全集（全3巻）』（大西郷全集刊行会）
佐々木克「西郷隆盛と西郷伝説」『岩波講座日本通史　第16巻』（岩波書店）
「維新の英雄、幻の帰還 第9回 西郷生存伝説の狂騒」（2013年10月27日付日本経済新聞）
田中健之『靖国に祀られざる人々』（学研パブリッシング）
安丸良夫『神々の明治維新─神仏分離と廃仏毀釈』（岩波新書）
佐伯恵達『廃仏毀釈百年─虐げられつづけた仏たち』（みやざき文庫）
勝田政治『廃藩置県─「明治国家」が生まれた日』（講談社選書メチエ）
松尾正人『廃藩置県─近代統一国家への苦悶』（中公新書）
門松秀樹『明治維新と幕臣』（中公新書）
安藤優一郎『幕臣たちの明治維新』（講談社現代新書）
大内兵衛、土屋喬雄共編『明治前期財政経済史料集成』（明治文献資料刊行会）
大島美津子『明治のむら』（教育社歴史新書）

文部省監修『学制百二十年史』(ぎょうせい)
高橋敏『江戸の教育力』(ちくま新書)
『平良市史〈第3巻〉資料編』(平良市)
岡田芳朗『明治改暦「時」の文明開化』(大修館書店)
近藤富枝『鹿鳴館貴婦人考』(講談社)
犬塚孝明『明治外交官物語　鹿鳴館の時代』(吉川弘文館)
パット・バー著、内藤豊訳『鹿鳴館　やって来た異人たち』(早川書房)
内田魯庵『新編　思い出す人々』(岩波文庫)
末永勝介『近代日本性豪伝─伊藤博文から梶山季之まで』(番町書房)
黒岩比佐子『明治のお嬢さま』(角川選書)
『日英博覧会事務局事務報告』(農商務省)
刑部芳則『洋服・散髪・脱刀 服制の明治維新』(講談社選書メチエ)
瀧井一博『文明史のなかの明治憲法』(講談社選書メチエ)
『都史紀要35　近代東京の渡船と一銭蒸汽』(東京都)
知念広真『明治時代とことば─コレラ流行をめぐって』(リーベル出版)
立川昭二『明治医事往来』(新潮社)
酒井シヅ編『疫病の時代』(大修館書店)
井上清『条約改正』(岩波新書)
福本日南『日南集』(東亜堂)
受験研究者編輯部編『最新官費貸費学校入学案内』(白永社)

興津要編『明治開化期文学集』（筑摩書房）
鏑木清方『随筆集 明治の東京』（岩波文庫）
渡辺房男『お金から見た幕末維新　財政破綻と円の誕生』（祥伝社新書）
渋谷隆一「高利貸対策立法の展開」『農業総合研究』（19巻3号・20巻3号）
鈴木鶴子『江藤新平と明治維新』（朝日新聞社）
毛利敏彦『江藤新平―急進的改革者の悲劇』（中公新書）
石井紫郎、水林彪『法と秩序』（岩波書店）
『司法資料　別冊　第17号 日本近代刑事法令集』（司法省秘書課）
笠原英彦『明治天皇　苦悩する「理想的君主」』（中公新書）
ドナルド・キーン『明治天皇を語る』（新潮新書）
小山文雄『明治の異才 福地桜痴―忘れられた大記者』（中公新書）
『大津事件―ロシア皇太子大津遭難』尾佐竹猛著、三谷太一郎校注（岩波文庫）
『児島惟謙　大津事件と明治ナショナリズム』楠精一郎（中公新書）

著者略歴
夏池優一（なついけ・ゆういち）
1975 年、京都府生まれ。編集プロダクション、出版社勤務を経てフリーになり、執筆業へ。執筆ジャンルは多岐にわたるが、主に歴史人物や現代のリーダーたちについて研究している。著書に『教科書には載っていない！　幕末志士の大誤解』『近代日本の大誤解 開国から終戦まで』（彩図社）など。筆名多数あり、本書で著作は 32 冊目となる。執筆活動のほか、大学での特別講義、教養バラエティ番組の構成・監修なども行う。

メールアドレス：natsuike3@gmail.com

第四章扉絵：『新聞附録東錦繪』（国会図書館所蔵）
第五章扉絵：『征韓論之図』（国会図書館所蔵）

教科書には載っていない
明治維新の大誤解

平成 29 年　10 月 25 日　第 1 刷

著　者　　夏池優一

発行人　　山田有司

発行所　　株式会社彩図社
東京都豊島区南大塚 3-24-4
ＭＴビル〒 170-0005
TEL：03-5985-8213　FAX：03-5985-8224

印刷所　　シナノ印刷株式会社

URL：http://www.saiz.co.jp
Twitter：https://twitter.com/saiz_sha

ISBN978-4-8013-0257-0 C0021